Der Weg
und die Kraft

R.L. Wing

Der Weg und die Kraft

Tao-te-king

Aus dem Amerikanischen übersetzt
von Peter Kobbe

*Mit zahlreichen Kalligraphien
und Illustrationen*

Bechtermünz Verlag

HERAUSGEGEBEN VON GERHARD RIEMANN

Genehmigte Lizenzausgabe für
Weltbild Verlag GmbH, Augsburg 1999

Titel der amerikanischen Originalausgabe:
The Tao of Power, Lao Tzu's Classic Guide to Leadership, Influence, and Excellence
Erschienen im Verlag Doubleday & Co., New York

Aus dem Chinesischen neu übersetzt von R. L. Wing
Kalligraphie: Tse Leong Toy, Lam-po Leong und Johanna Yeung
Illustrationen: Scott Bartlett
Umschlaggestaltung: Studio Höpfner-Thoma, München
Satzarbeiten: IBV Satz- und Datentechnik GmbH, Berlin
Druck und Bindearbeiten: Wiener Verlag, Himberg bei Wien
Printed in Austria
ISBN 3-8289-1822-0

INHALT

ANMERKUNGEN ZUR ÜBERSETZUNG

Der Weg und die Kraft ist eine neue Übersetzung des zweieinhalb Jahrtausende alten chinesischen Klassikers *Tao Te King* von Laotse, einem Philosophen aus dem sechsten vorchristlichen Jahrhundert. Meine Übersetzung folgt dem Urtext so wörtlich wie irgend möglich, ohne das Beiwerk von Reim und poetischer Umschreibung. Neben jedem übersetzten Kapitel ist der entsprechende Urtext mitabgedruckt, um dem an dieser ungewohnten, aber sehr schönen Schriftsprache interessierten Leser die Möglichkeit zu geben, in die chinesische Originalfassung einzudringen und sich in ihr, selbst ohne vorherige Kenntnis der Schriftzeichen, zurechtzufinden.

Das alte Chinesisch ist eine dunkle, paradoxe Sprache. Es kennt kein Aktiv oder Passiv, keinen Singular oder Plural. Beinahe jedes Wort kann in der jeweiligen Aussage sämtliche grammatischen Funktionen übernehmen. Es ist Aufgabe des Übersetzers, für den Leser die diesbezüglichen Unterscheidungen festzulegen und die bestmögliche Wahl zu treffen, die der Übertragung des Werkgehalts am ehesten gerecht wird.

Um die Sprödheit der Übersetzung etwas abzumildern und den Sinn der Texte deutlicher herauszustellen, wurden die Kapitel-Zeilen in einer typographischen Anordnung dargeboten, die den Eindruck und den Rhythmus des Originals wenigstens ansatzweise vermitteln soll. Altchinesische Texte haben keine Interpunktion, und wieder ist es Aufgabe des Übersetzers, die Grundgedanken so voneinander abzugrenzen, daß sie dem Leser faßlich werden. Obwohl die 81 Kapitel im Urtext keinen Titel tragen, habe ich jedes mit einer Überschrift versehen, die auf die jeweilige Thematik verweist, von der die Rede ist. Traditionell gliedert man das *Tao Te King* in zwei Teile; der zweite Abschnitt beginnt mit Kapitel 38.

Das Wort *Tao* (Aussprache: *Dau*) habe ich nicht übersetzt, da es ein Begriff ist, der westlichen Lesern immer vertrauter wird. Häufig wird es mit »der Weg« übersetzt, aber dieser Ausdruck gibt nicht die eigentliche Bedeutung von *Tao* wieder; genaugenommen bedeutet es »die Wirkungsweise des Universums«. Ohnehin ist das zentrale Anliegen des *Tao Te King* die nähere Bestimmung des *Tao;* deswegen ist eine Übersetzung des Wortes nicht wirklich erforderlich.

Das Wort *Te* (Aussprache: *de,* wie in Ban-de) wird häufig mit »Tugend« übersetzt, eine etwas unglückliche Wortwahl für einen überaus wichtigen Begriff. In der westlichen Welt wird Tugend mit Rechtschaffenheit assoziiert, aber in Wirklichkeit bezieht sich der Ausdruck *Te* auf die potentielle Energie, die dann entsteht, wenn man sich am richtigen Ort und zum richtigen Zeitpunkt in der richtigen geistigen Disposition befindet. Im frühen China wurde das Pflanzen des Saatguts als *Te* aufgefaßt, und davon leitete sich die Bedeutung von *Te* als gespeicherter Energie oder Potentialität ab, gelegentlich auch als magischer Kraft. Erst Jahrhunderte später, als die konfuzianischen Ideale in ihrer Blüte standen, wurde *Te* allmählich in der Bedeutung von gesellschaftlich sanktioniertem Moralverhalten gebraucht, und in diesem Sinne wurde es schließlich mit »Tugend« übersetzt. Deshalb habe ich, in Anlehnung an andere zeitgenössische Übersetzer, die Bedeutung von *Te* wieder auf seinen ursprünglichen Begriff, den der »Kraft«, zurückgeführt.

In ganz wenigen Fällen habe ich archaische Bezeichnungen durch eine moderne Terminologie ersetzt; derartige aktualisierende Akzentverschiebungen sind im Kommentar zum Text jeweils kenntlich gemacht. Durchgängig betrifft dies den Ausdruck *sheng jen,* wörtlich zu übersetzen mit »Heiliger« oder »Weiser«. Mir schien die eigentliche, zeitlose Bedeutung dieses Ausdrucks am besten mit »reifer Mensch« getroffen zu sein. Eine weitere Akzentverschiebung habe ich bei dem chinesischen Wort *kuo,* das meist mit »Königreich« oder »Staat« übersetzt wird, vorgenommen. Das Wort »Organisation« schien mir am passendsten, da *kuo* grundsätzlich jede Art von sozialem Verband bezeichnen kann.

Zum richtigen Verständnis eines Werkes wie des *Tao Te King* ist es wichtig, sich ständig vor Augen zu halten, daß chinesische Schriftzeichen weniger Repräsentanten von Wörtern als Symbole für Ideen sind. Nicht mit Worten teilt uns Laotse mit, was er denkt, sondern er zeigt es uns in Symbolen. Deshalb wendet sich das eigentliche Werk unmittelbar an die geistige Intuition des Lesers, während die Worte gegenüber der zentralen Idee nur eine Übermittlerrolle spielen. Wegen dieser radikalen Ausrichtung auf eine einzige Idee gilt für das *Tao Te King* das Sprichwort: Besser, du liest ein Buch hundertmal als hundert Bücher einmal.

Die 81 Kapitel sind knapp und kraftvoll, lebendig und

gelegentlich beklemmend. Sie stecken voller Metaphern und Paradoxien. Die Grundintention des *Tao Te King* besteht darin, im Bewußtsein des Lesers wie ein Katalysator zu wirken und Einsichten in das Wesen der Realität freizusetzen, was für den Leser wiederum bedeutet, daß er an der Sinnkonstituierung des Werkes produktiv teilnehmen muß. Laotse hatte nicht die Absicht, ein abgeschlossenes, endgültiges, eindeutiges Werk zu schaffen, das über den historischen Wandel erhaben wäre; es hätte sich dann nicht wie das *Tao* selbst verhalten. Genau dies hat Laotse aber gewollt und erreicht.

Um dem Leser das Verständnis des *Tao Te King* zu erleichtern, habe ich jedes der übersetzten Kapitel mit einem Kommentar versehen. Der Kommentar erläutert die Begriffe, die das jeweilige Kapitel ins Spiel bringt; der Leser kann ihn zum Ausgangspunkt eigener Überlegungen machen. Ich versuche nicht, die Welt so zu sehen, wie Laotse sie im sechsten vorchristlichen Jahrhundert gesehen hat; deshalb habe ich mich in meinen Kommentaren bemüht, die Zeit, die uns trennt, auszublenden, indem ich nach den universellen Gemeinsamkeiten zwischen einst und jetzt suchte, die über die semantische und kosmologische Kluft hinweg in die frühen taoistischen Spekulationen über das Wesen des Universums hineinreichen.

Ich bin nicht die erste, die versucht hat, diese Kluft zu überbrücken, und sicher bin ich auch nicht die letzte. In regelmäßigen Abständen fordert das *Tao Te King* Leser und Übersetzer dazu heraus, es durch ihre Zeit zu geleiten. Und das Buch bringt jedesmal in seiner neuen Gestalt eine Erkenntnis mit sich, die bestürzend ist und beglückend zugleich. Meines Erachtens hat das niemand besser beschrieben als einer der Übersetzer, Dr. Lionel Giles, Direktor der Orient-Handschriften-Abteilung am British Museum. Er schrieb 1937:

> Gewiß ist niemals sonst eine solche Gedankenfülle auf so kleinem Raum zusammengedrängt worden. Über das ganze Universum ist eine Anzahl bestimmter Sterne verteilt, die zur Klasse der sogenannten »Weißen Zwerge« gehören. Sie sind normalerweise sehr klein, aber die Atome, aus denen sie bestehen, sind derart dicht zusammengepreßt, daß das Gewicht dieser Sterne, im Verhältnis zu ihrer Größe, enorm ist; und dies bringt eine derart starke Energieabstrahlung mit sich, daß auf der Oberfläche eine Temperatur vorherrscht, die weitaus heißer ist als die der Sonne. Das *Tao Te King* kann man mit gutem Recht einen »Weißen Zwerg« der philosophischen Literatur nennen, so gewichtig ist es, so kompakt, so sehr gemahnt es an einen Geist, der seine Gedanken mit der Energie der Weißglut abstrahlt.

R. L. Wing

DAS TAO

Niemand weiß über die Herkunft des *Tao Te King* Genaues und Verbindliches zu sagen, dennoch bildet dieses schmale Buch mit seinen rund 5000 Worten die Grundlage der klassischen chinesischen Philosophie. Kurz zusammengefaßt: Das Buch erläutert eine sich entfaltende Kraft namens *Tao,* die innerhalb des gesamten Universums wirksam ist; und es beschreibt die persönliche Kraft, bekannt als *Te,* die aus der Übereinstimmung mit dem *Tao* herrührt. Das Wort *King* (Aussprache: *Djing*) bezeichnet den Buchtyp des »konfuzianischen Klassikers«.
Im Verlauf der zweieinhalbtausendjährigen Geschichte des *Tao Te King* wurden Hunderte von Übersetzungen und Kommentaren veröffentlicht, davon mehr als fünfzig allein in Englisch; so wurde es, nach der Bibel, der meistübersetzte Klassiker der Welt. In jeder neuen Generation fand das Buch wieder seine Leserschaft, anscheinend ohne dabei irgend etwas von seinem provozierenden geistigen Wert zu verlieren. Im gegenwärtigen Jahrzehnt haben die Physiker das *Tao Te King* wiederentdeckt; sie sind in ihm auf augenfällige Bezüge zu ihren Theorien des Universums gestoßen. Überdies wird das *Tao Te King* neuerdings von Psychologen und Wirtschaftsführern durchforscht, in der Hoffnung, jene Eigenschaft des östlichen Geistes verstehen zu lernen, die diesen auch in weltlichen Dingen und ökonomischen Fragen so zentriert und einsichtig macht. Das Buch fasziniert und fesselt jeden, der sich wirklich ernsthaft darauf einläßt; wie ein Magnet wirkt es auf Gemüter, die stark genug sind, die Gesellschaft zu beeinflussen. Einfluß aufs gesellschaftliche Leben, das ist in der Tat das durchgängige Grundthema des *Tao Te King.*

Der Legende nach wurde das Buch von Laotse verfaßt, einem begabten Gelehrten, der vor über zweieinhalb Jahrtausenden lebte und als Kustos der Kaiserlichen Archive während der Herrschaft der Chou-Dynastie tätig war. Laotse war Zeuge einer der unseren nicht unähnlichen Zeit politischer Unruhe. Seine Welt war in Hunderte abgetrennter Provinzen aufgeteilt, von denen jede ihre eigenen Führer, ihre eigene Gesetzgebung hatte. Er sah, wie beim Wettstreit der Provinzen um die politische Vorherrschaft Bewaffnung und Feindseligkeiten rapide zunahmen. Jeder aggressiven Handlung wurde mit noch mehr Feindseligkeit und Aggression begegnet, bis die vom Krieg gebeutelte Bevölkerung Chinas den Eindruck hatte, kurz vor der völligen Zerstörung zu stehen, vor der endgültigen Auslöschung und Verwüstung ihrer Welt. Laotse, der die Hoffnungslosigkeit der Epoche mit ihrer sich jeder Kontrolle entziehenden Spirale feindseliger politischer Aktionen und Gegenreaktionen überdeutlich verspürte, gab seine Stellung auf und schickte sich an, der zivilisierten Welt für immer den Rücken zu kehren. Bevor man ihm gestattete, die Tore der Hauptstadt in Richtung auf die Berge zu passieren, bestand Yin Hsi, der Verwahrer des Tores, darauf, daß Laotse sein Wissen zur Erleuchtung der Zurückbleibenden niederschrieb. Laotse schuf das *Tao Te King* und richtete es an alle jene, die sich in einer Führungsposition gegenüber anderen befanden – an Prinzen und Politiker, Dienstherren und Erzieher.

Im wesentlichen sagt Laotse den Führenden folgendes: Entdecke, wer du bist. Lerne, die dich umgebende Welt unmittelbar zu erfassen, und mache dir die empfangenen Eindrücke intensiv bewußt. Baue nicht auf Ideologien, andernfalls geht deinem Leben die ureigene Bedeutung verloren, und du wirst zur Führung untauglich. Bilde deine Intuition aus, so daß du dich voll auf sie verlassen kannst, denn ein Führer, der nicht intuitiv ist, kann Veränderungen nicht voraussehen. Festige deine persönliche Kraft *(Te)* durch Wahrnehmung und Verständnis der physikalischen Gesetze *(Tao)* im Universum wie auch im Bewußtsein der Mitmenschen – verwende dann diese Kraft zur Steuerung von Geschehensabläufen, ohne auf Gewalt zurückzugreifen. Wie man das macht? Wirke durch dein Verhalten statt durch Handeln, und führe andere, indem du sie eher anleitest als beherrschst. Lenke Menschen, indem du sie dir gegenüber tätig werden läßt und nicht umgekehrt. Dadurch werden deine Untergebenen das Gefühl haben, letztlich durch sich selbst verwaltet zu sein, und du, ihr Leitbild und Lenker, wirst mit ihrer Loyalität und Kooperation belohnt werden. Lerne, deine Ziele ohne Einsatz von Mitteln zu erreichen, indem du eine intensive Vorstellung von der natürlichen Gesetzmäßigkeit entwickelst, mit der die Dinge von selbst ihrer Lösung zustreben. Übe dich in Einfachheit. Hör nicht auf zu wachsen.

Laotse war überzeugt, daß Geschehensabläufe am besten durch die Anwendung von Methoden zu steuern wären, die keinen Widerstand erzeugen oder Gegenreaktionen provozieren. Bei der Beobachtung der Gesetze der Natur wurde ihm klar, daß in einer bestimmten Richtung exzessiv ausgeübte Gewalt dazu neigt, das Anwachsen einer Gegengewalt in Gang zu setzen, und daß infolgedessen die Anwendung von Gewalt nicht die Basis zum Aufbau einer starken und dauerhaften Gesellschaftsordnung sein kann. Laotse war überzeugt, daß es für Führer von höchster Wichtigkeit war, stets die Gesetze der Natur zu beobachten – also ein verfeinertes Verständnis für die Funktionsweise von Materie und Energie im Universum zu entfalten, die er *Tao* nannte. Er erkannte, daß die physikalischen Gesetze des Universums sich unmittelbar auf die Tendenzen im Verhalten des Individuums und in der Evolution der Gesellschaft auswirken und daß ein Begreifen dieser Gesetze einem Führer die Kraft *(Te)* verleihen konnte, die Welt in Einklang mit sich selbst zu bringen.

Das *Tao Te King* ist eine Herausforderung. Es fordert uns heraus, die Welt so zu sehen, wie sie wirklich ist, also die nackte Wahrheit der physikalischen Gesetze zu akzeptieren, die das Dasein und die Evolution beherrschen. Es fordert uns heraus, zu geistiger Unabhängigkeit vorzustoßen – einem Bewußtseinszustand, in dem wir unserer eigenen Wahrnehmung der Welt rückhaltlos trauen und uns völlig auf die Richtigkeit unserer eigenen Eingebungen und Instinkte verlassen können. Es fordert uns heraus, Gewalt mutig zurückzuweisen und statt dessen andere durch unser Beispiel zu beeinflussen, indem wir die Natur als Vorbild unseres Verhaltens verwenden – also die Gegensätze in der Welt zum Ausgleich bringen, statt sie zu vergrößern. Diese letzte Herausforderung ist heute vielleicht dringlicher als je zuvor, sowohl für uns selbst als auch für unsere Führer. Laotse drückt es so aus:

Reife Menschen halten sich an das Tao
Und betrachten die Welt als ihr Vorbild.

Sie stellen sich nicht zur Schau;
    Deshalb werden sie ins Licht gerückt.
Sie behaupten ihr Selbst nicht;
    Deshalb werden sie ausgezeichnet.
Sie machen keinen Anspruch geltend;
    Deshalb machen sie sich verdient.
Sie rühmen sich nicht;
    Deshalb steigen sie im Rang.

DAS TAO DER KRAFT

Das *Tao Te King* dient der Erforschung einer außergewöhnlichen Kraft, die in jedem Menschen latent vorhanden ist. Diese Kraft, von Laotse *Te* genannt, kommt zum Vorschein, wenn man sich der dynamischen Wirkkräfte in der Natur *(Tao)* bewußt wird und sich mit ihnen in Übereinstimmung befindet. Es ist für Laotses System von zentraler Bedeutung, daß wir begreifen, wie und warum die Wirklichkeit funktioniert, und zur Erkenntnis gelangen, daß die Natur unwandelbar ihren Weg verfolgt. Freilich wissen wir, daß es kaum der Mühe wert ist, gegen den Strom zu schwimmen, aber wissen wir eigentlich, wohin der Strom fließt? Laotse war überzeugt, daß uns das beständige und bewußte Wahrnehmen der Grundstrukturen in der Natur Einsichten in die entsprechenden Grundstrukturen menschlichen Verhaltens bringt: Genau wie in der Natur der Frühling dem Winter folgt, folgt in der Gesellschaft Wachstum der Repression. Genau wie zuviel Schwerkraft einen Stern in sich zusammenstürzen läßt, läßt zuviel Selbstherrlichkeit eine Idee in sich zusammenstürzen.

Wie alle Materie und Energie im Universum werden auch die von uns gebildeten emotionalen und geistigen Strukturen ständig von äußeren Wirkkräften umgewandelt. Viel von unserer Kraft wird dadurch vergeudet, daß wir uns auf unsere Überzeugungen versteifen, sie untermauern und verteidigen und andere davon überzeugen, an sie zu glauben, nur um ihnen auf diese Weise »Dauer« zu verleihen. Haben wir einmal die Verrücktheit einer solchen Einstellung durchschaut, dann gewinnen wir Kraft, indem wir die Evolution in der Natur zu unserem Vorteil nutzen – also den Wandel hinnehmen, uns zu eigen machen und ihn unterstützen, wo und wann er eintreten will. Unsere Zusammenarbeit mit den Wirkkräften in der Natur macht uns zum Bestandteil dieser Kräfte. Unsere Entscheidungen werden weitsichtig und klug, weil sie auf einer dynamischen, sich entfaltenden Wirklichkeit basieren und nicht auf fixen Ideen oder bloßem Wunschdenken. Wir sind dann befähigt, Dinge zu sehen, die andere womöglich nicht sehen, weil der Horizont unseres Bewußtseins durch die Betrachtung des Universums erweitert ist. Wir entfalten eine visionäre Perspektive und helfen, dank der Kraft unserer Vision, die Zukunft zu gestalten.

Laotse war überzeugt, daß die Menschen, wenn sie in sich keine Kraft verspüren, mürrisch und unkooperativ werden. Wer keine persönliche Kraft empfindet, entwickelt Angstgefühle. Er ängstigt sich vor dem Unbekannten, weil er sich nicht mit seiner Umwelt identifiziert. So ist er in seiner psychischen Integration ernsthaft gestört und bedeutet eine Gefahr für die Gesellschaft. Tyrannen empfinden keine Kraft, sie fühlen sich frustriert und ohnmächtig. Sie üben Gewalt aus, aber diese ist eine Form der Aggression und hat mit Autorität nichts zu tun. Bei näherem Hinsehen wird es offenkundig, daß Menschen, die andere beherrschen, in Wirklichkeit Sklaven ihrer Unsicherheit sind und allmählich durch ihr eigenes Handeln Schaden leiden. Die meisten Übel der Welt schrieb Laotse der Tatsache zu, daß sich Menschen nicht stark und unabhängig fühlen.

Starke Persönlichkeiten zeigen niemals ihre Macht, aber die anderen hören auf sie, weil sie zu *wissen* scheinen. Sie strahlen Wissen aus, aber es ist ein intuitives Wissen, das aus einem unmittelbaren Verstehen und einem wachen Erleben der Naturprozesse herrührt. Sie sind mitleidsvoll und großzügig, weil ihnen instinktiv klar ist, daß die Kraft nur dann nicht aufhört, sie zu durchströmen, wenn sie sie weitergeben. Wie in der Elektrizität empfangen sie um so mehr Energie, Inspiration und Information, je mehr sie davon durch sich hindurchleiten.

Wahre Kraft besteht in der Fähigkeit, die Welt zu beeinflussen und zu wandeln und zugleich ein einfaches, vernünftiges und erfahrungsreiches Leben zu führen. Starke Persönlichkeiten beeinflussen andere mit der Kraft des Beispiels und der Haltung. Innerhalb von Gruppen haben sie eine machtvolle Wirkung – eine Art geistiger Schwerkraft –, die die Gemüter jener, die mit ihnen in Kontakt treten, beeinflußt. Geistige Schwerkraft entfaltet sich als Ergebnis sich ausdehnender Identifikation – einer Identifikation, die weit über das Selbst hinausreicht. Diejenigen, die sich mit der Evolution der Wirklichkeit identifizieren können, entfalten Bedeutsamkeit und Mächtigkeit, weil die Kraft ihres Bewußtseins auf aktive Weise das sie umgebende Universum definiert.

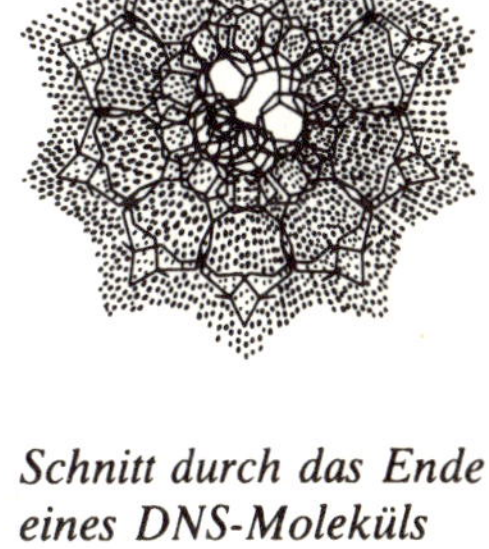

Schnitt durch das Ende eines DNS-Moleküls

Im Leben der Menschen, die persönliche Kraft erlangen, erfolgen zwei einschneidende Veränderungen: der Aufstieg zu geistiger Unabhängigkeit und das Bedürfnis nach Einfachheit. Der Taoismus, als Verstehens- und Deutungsweise des Universums, basiert nicht auf dem Glauben; er basiert auf der Erfahrung. Der menschliche Geist entfaltet sich, alle sozialen Systeme hingegen stellen nur zeitlich begrenzte Experimente dar. Sich auf von anderen geschaffene oder vermittelte Systeme zu verlassen stumpft nur die Instinkte ab und hindert einen daran, den eigenen Geist auszubilden und zu erweitern. In

Menschen, die es zulassen, daß sich Dogma und Doktrin zwischen sie und das unmittelbare persönliche Wissen vom Universum schieben, wird sich die Kraft nicht entfalten.

Einfachheit im Verhalten, in den Ansichten und Lebensbedingungen bringt ein Individuum in sehr nahe Berührung mit der Wahrheit des Wirklichen. Individuen, die Einfachheit praktizieren, kann man nicht benutzen, da sie schon alles haben, was sie benötigen; man kann sie nicht belügen, da eine Lüge ihnen nur einen weiteren Aspekt der Wirklichkeit enthüllt. Hingezogensein zur Einfachheit ist im wesentlichen Hingezogensein zur Freiheit – dem höchsten Ausdruck persönlicher Kraft. Wir sind gewohnt, uns die Freiheit als eine Art Besitz vorzustellen, aber tatsächlich ist es Besitzlosigkeit, die dem Menschen Freiheit bringt und dem Leben Sinn verleiht. Dinge loszulassen – unnötige Wunschinhalte, überflüssige Besitztümer – heißt, alles zu haben. Laotse war überzeugt, daß ein individuelles Leben das ganze Universum enthält, aber wenn der einzelne hinsichtlich bestimmter Teile des Lebens starre Fixierungen entwickelt, wird er engstirnig, oberflächlich und verliert seine Mitte. Fixierungen und Begierden rufen eine geistige Krise hervor. Sobald man sich von den Begierden loszumachen beginnt, mehren sich auch die Empfindungen der Freiheit, Sicherheit, Unabhängigkeit und Kraft.

Das *Tao Te King* findet immer eine ganz spezifische Leserschaft – es scheint Personen anzuziehen, die sich an der Schwelle eines evolutionären geistigen Wachstumsschubes befinden. Seine Philosophie bietet die Chance für eine radikale psychische Umorientierung – eine Umorientierung in der Einstellung zum Sein (weil wir unser Verhältnis zum Universum neu überdenken müssen) und eine Umorientierung in den persönlichen Zielsetzungen (weil unsere Wünsche sich nach dem Grundprinzip der Einfachheit gestalten und wir von emotionaler Verblendung befreit werden). Wer für Laotses Stimme empfänglich ist, ist dazu ausersehen, über die ideologischen Platitüden hinauszugelangen und die Kraft, die seiner persönlichen Freiheit entspringt, zur Gestaltung der Zukunft zu benutzen.

Das *Tao Te King* hat viele Bedeutungsebenen. Jenseits der Ebene, die sich einem gerade erschließt, kündigt sich bereits die nächste Sinnstufe an. Je tiefer man eindringt, um so mehr Kraft entfaltet man. Je mehr Potential einem zur Beeinflussung der Welt verfügbar wird, desto tiefere und eindringlichere Einsichten gewinnt man. Die Philosophie, die uns Laotse hinterließ, ist eigentlich ein Experiment, eines, das Menschen vollziehen, wenn sie reif sind, die nächste menschliche Entwicklungsstufe zu betreten – eine Entwicklungsstufe, auf der bewußte Wesen sowohl ihre eigene Bestimmung wie auch die Bestimmung der sie umgebenden Welt aktiv formen und lenken. In letzter Konsequenz liegt dem Denken Laotses die Überzeugung zugrunde, daß unsere evolutionäre Kraft – wenn jeder von uns sie wahrnehmen und mit ihr umgehen kann – uns auf sichtbare Weise vereinen und es uns ermöglichen wird, ein kollektiver, von Mitgefühl durchdrungener, gänzlich bewußter gesellschaftlicher und universaler Organismus zu werden.

DAS TAO DER NATUR

Laotse war womöglich der erste theoretische Physiker der Welt. Seine gesamte geistige Energie widmete er der Beobachtung der Natur, ihrer physikalischen Gesetze und dem Aufspüren der Interdependenzverhältnisse aller Dinge. Er entdeckte ein einheitliches Kräftefeld, das er *Tao* nannte, aber da seine Entdeckung nicht in einer logischen, analytischen Ausdrucksweise formulierbar war, teilte er sie in Paradoxien mit. Die 81 Kapitel dieses schmalen Buches sind durch scheinbar sich selbst widersprechende Aussagen verrätselt: »Das erleuchtete *Tao* scheint verdunkelt zu sein. Das voranschreitende *Tao* scheint zurückzuweichen... Es ist die Form des Formlosen; das Abbild des Nichts.« Laotse verwandte das Paradox, um beim Leser eine außergewöhnliche Bewußtheit zu provozieren und um mit seiner Hilfe die Grundmuster und Zyklen, die Gleichheit und Komplementarität darzulegen, mit denen, seiner Erkenntnis nach, die physikalischen Wirkkräfte im Universum der Realität ihren Stempel aufdrücken. Das augenfälligste und für das *Tao Te King* zentrale dieser Grundmuster ist das der Polarität.

Die Polarität ergibt sich aus der taoistischen Auffassung von den kosmologischen Ursprüngen des Universums: Vor jeglichem Sein war eine Idee – ein Absolutes. Die Chinesen nennen es *T'ai Chi,* das schlechthin Höchste. In einem unvermittelten gewaltigen Streben nach Erkenntnis seiner selbst spaltete sich das Absolute in einem Ereignis vom Ausmaß einer erdgeschichtlichen Katastrophe vom Nichtsein ab und setzte so eine endlose Verkettung von Ursache und Wirkung in Gang – ein Ereignis, das der sogenannten Urknall-Theorie verblüffend nahekommt. Schlagartig bildete sich der Raum, begann die Zeit, und zwei Ladungszustände traten ins Sein, *yin* (negativ) und *yang* (positiv). Die komplementäre Polarität von *Yin* und *Yang* hatte zur Folge, daß sich

Materie und Energie, die anfangs nicht voneinander unterschieden waren, trennten und sich zur physikalischen Wirklichkeit, der Gestalt unseres Universums, neu anordneten.
Laotse war überzeugt, daß alles Seiende seine Wirklichkeit der Polarität von *Yin* und *Yang* verdankt. Die spezifischen physikalischen Gesetze und Zyklen, die die Realität strukturieren und beherrschen, nannte er das *Tao*, und er nahm an, daß die Aktivität des *Tao* die Absicht einer größeren Wesenheit (des Absoluten) widerspiegelt. Wenn also die Realität zustande kam, weil das Absolute sich selbst erkennen wollte, dann muß es unsere evolutionäre Bestimmung sein, ihm durch Erfahrung, Beobachtung und Nachahmung der Natur einen guten Einblick zu verschaffen.
Nach taoistischer Auffassung ist die Entfaltung eines bewußten Gewahrwerdens der Gesetze der Natur, insbesondere in ihrer Manifestation auf dem Sektor der menschlichen Kultur, eine Hauptkomponente persönlichen Wachstums und persönlicher Evolution. Laotse war überzeugt, daß der Mensch samt seinen Haltungen und Handlungen nicht von den ihn umgebenden physikalischen Phänomenen abtrennbar ist und daß jeder der beiden Bereiche die Realität des anderen zu verändern imstande sei.
Seit den Anfängen der Quantenmechanik (der Mathematik, die die auf subatomarer Ebene stattfindenden Wechselwirkungen beschreibt) sind die Wissenschaftler von der Verbindung, die zwischen dem menschlichen Bewußtsein und der Aktivität des Universums besteht, fasziniert. Die Quantenmechanik scheint nahezulegen, daß die subatomare Welt – und selbst die Welt jenseits des Atoms – überhaupt keine unabhängige Struktur besitzt, solange sie nicht durch den menschlichen Intellekt definiert wird. Werner Heisenberg, der mit der Entwicklung dieser Theorie 1927 die Physik revolutionierte, bemerkt: »Die Naturwissenschaft beschreibt und erklärt nicht einfach die Natur; sie ist ein Teil des Zusammenspiels zwischen der Natur und uns selbst... Was wir beobachten, ist nicht die Natur selbst, sondern die Natur, wie sie sich unserer Fragestellung darbietet.« Eine neue Generation von Physikern postuliert heute, daß ein Universum überhaupt nicht entstehen kann, wenn es nicht die Möglichkeit des Lebens beinhaltet. Sie sagen, daß wir in einem partizipatorischen Universum leben, in dem alle Wirklichkeitsbereiche und physikalischen Gesetze davon abhängen, daß ein Beobachter sie formuliert. Laotse würde voll und ganz beipflichten.

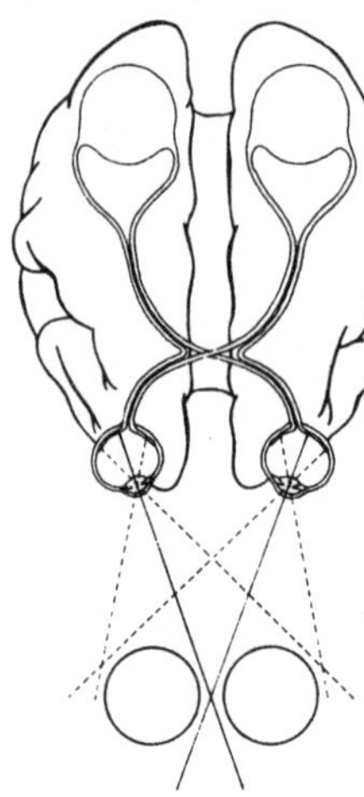

Sich ein Universum vorzustellen, in dem die Realität durch die Einwirkung des Intellekts gestaltet wird (und umgekehrt), mag Physikern etwas leichter fallen als unsereinem, aber diese Konzeption ist für jeden unerläßlich, der nach tiefgreifenden Einsichten in die Beschaffenheit und Dynamik der Welt sucht. Jede Art von Forschung – ob auf atomarer Ebene oder auf der Ebene unseres eigenen kulturellen Verhaltens – führt zu differenzierterer und genauerer Information, wenn man sie von diesem paradoxen Standpunkt aus in Angriff nimmt. Glücklicherweise kann die bilaterale Struktur des Gehirns und der Verstandestätigkeit von dieser Form des Denkens effektiven Gebrauch machen.

Das Gehirn nimmt alle Arten von Information von allen Reizquellen gleichzeitig entgegen, und der Verstand verarbeitet sie in Form emotionaler Reaktionen, intuitiver Empfindungen und logisch artikulierter Analysen. Im Westen verlassen wir uns fast ausschließlich auf die logische Analyse. Wir werden darin bestärkt, auf geradlinige Art zu denken, und benutzen Worte und Zahlen dazu, über unsere Arbeit und unser Leben Schlüsse zu ziehen. Diese logischen Funktionen werden, neurologischen Forschungen zufolge, von der linken Gehirnhälfte ausgeführt. Zugleich lernen wir, ästhetischer oder intuitiver Information – eine Funktion der rechten Gehirnhälfte – eher mit Skepsis zu begegnen, weil sie in unserer Kultur als weniger wertvoll eingestuft wird. Automatisch befassen wir uns also in erster Linie eher mit dem Messen und der Bedeutungsanalyse von Ereignissen statt mit der Gestaltung und Steuerung ihres Ablaufs. Man bringt uns bei, das Intuitive und Irrationale zu ignorieren, ganz gleich, wie stark unser »instinktives Gespür« dafür auch sein mag. Da dieses der rechten Gehirnhälfte zugeordnete Gespür unterdrückt wird, verlieren wir den Kontakt mit unserer intuitiven Geistestätigkeit, und unsere Einsichten werden immer seltener.
Laotse war überzeugt, daß intuitives Wissen die reinste Form von Information ist. Aus diesem Grund drückte er seine Philosophie in Form von Gedankenexperimenten aus – geistigen Übungen, ersonnen zur Steigerung und Fortbildung der intuitiven Fähigkeiten. Im *Tao Te King* zwingt er uns, neben der Logik die Intuition als einen ihr gleichwertigen Partner zu benutzen, und regt uns an, unser kognitives Erfassen der Umwelt mit einer kraftvollen persönlichen Vision zu verbinden. Neurologisch gesehen könnten wir dies einen »ganzheitlichen« Verstehensansatz nennen, bei dem die räumlich und ästhetisch kompetente rechte Gehirnhemisphäre gleichzeitig mit der analytisch und logisch orientierten linken zur Anwendung kommt. Auf diese Weise gewinnen wir eine umfassende und präzise Sicht der Realität, weil wir auch Stimmung, Wandel und Möglichkeit wahrnehmen – den herrschenden Zeitgeist, die Dynamik sozialer Evolution und die Zukunftsdimensionen, die wir schaffen könnten. Es ist die Sicht des Künstlers, des Philosophen, des Visionärs – eine Sicht, die stets die Kraft zur Beeinflussung der Welt mit sich gebracht hat.

DER INTUITIVE VERSTEHENSANSATZ

Viele der klassischen Werke chinesischer Philosophie sind in einem Stil verfaßt, für den es in der westlichen Literatur kein Pendant gibt. Der Großteil westlicher Philosophie scheint auf den Funktionen der analytischen linken Gehirnhälfte aufzubauen: Eine Hypothese wird über eine Anzahl Kapitel hinweg logisch entwickelt, bis man, am Ende des Buches, zu einer Schlußfolgerung gelangt ist. Chinesische Philosophie hingegen ist eher mit den Funktionen der räumlich orientierten rechten Gehirnhälfte verbunden. Diese Werke sind gewissermaßen holographisch, dreidimensional: Jedes Kapitel ist in sich vollständig abgeschlossen und spiegelt die Struktur des gesamten Textes wider. Die Kapitel unterscheiden sich lediglich durch eine leichte Verlagerung des Darstellungsaspekts der zentralen Prämisse. Bei der Beschäftigung mit einem klassischen Werk wie dem *Tao Te King* ist es also keineswegs abwegig, seinem nichtlinearen Stil dadurch zu entsprechen, daß man das Buch aufs Geratewohl aufschlägt und liest.

Östliche Gelehrte studieren einen philosophischen Klassiker, indem sie nach einer subjektiven Erfahrung Ausschau halten, die ihr intuitives Verständnis des Werkes stimulieren könnte. Vielleicht schlagen sie das Buch einfach irgendwo auf, um sich das nächstbeste Kapitel zur Kontemplation herauszugreifen. Indem sie bewußt Zufall und Koinzidenz ins Spiel bringen, können sie dann auch darüber Betrachtungen anstellen, warum zu diesem besonderen Zeitpunkt gerade dieses besondere Kapitel in ihrem Leben auftauchen mußte.

In der Natur ist eine Schneeflocke eine Schneeflocke – bis wir genauer hinschaun und sehen, daß keine zwei Schneeflocken einander gleich sind. Dementsprechend hat die Natur auch allen Menschen unterschiedliche Informationen mitgegeben und verschiedene Wege vorgezeichnet. Wer es gerne der Natur überläßt, seinen geistigen Pfad durch das *Tao Te King* zu bestimmen, entdeckt womöglich, daß eine Lektüre nach dem Zufallsprinzip dazu verhilft, den Genius des Augenblicks freizusetzen und das Bewußtsein zur Selbsterfahrung hin zu öffnen. Für Leser, die mit der chinesischen Philosophie vertraut sind, wird der folgende Einstieg nichts Neues sein, da ähnliche Verfahren eines subjektbezogenen Umgangs mit dem Text von solchen Klassikern wie dem *T'ai Hsuan King,* einem philosophischen Werk aus dem frühen China (1. Jh. v. Chr.), und dem *I Ging* her bekannt sind.

Hexagramm

Im *I Ging* wird jedes der 64 Kapitel durch ein Hexagramm wiedergegeben, das aus sechs übereinander angeordneten Linien besteht; die Linien sind entweder durchgehend oder unterbrochen. Diese zwei Arten von Linien können zu 64 (2^6) Konfigurationen gruppiert werden. Durch den Gebrauch der Hexagramme entwickelten die Chinesen das binäre Zählsystem beinahe drei Jahrtausende vor seiner Verbreitung in der übrigen Welt. Ihr binäres System ba-

Tetragramm

TETRAGRAMM-TABELLE

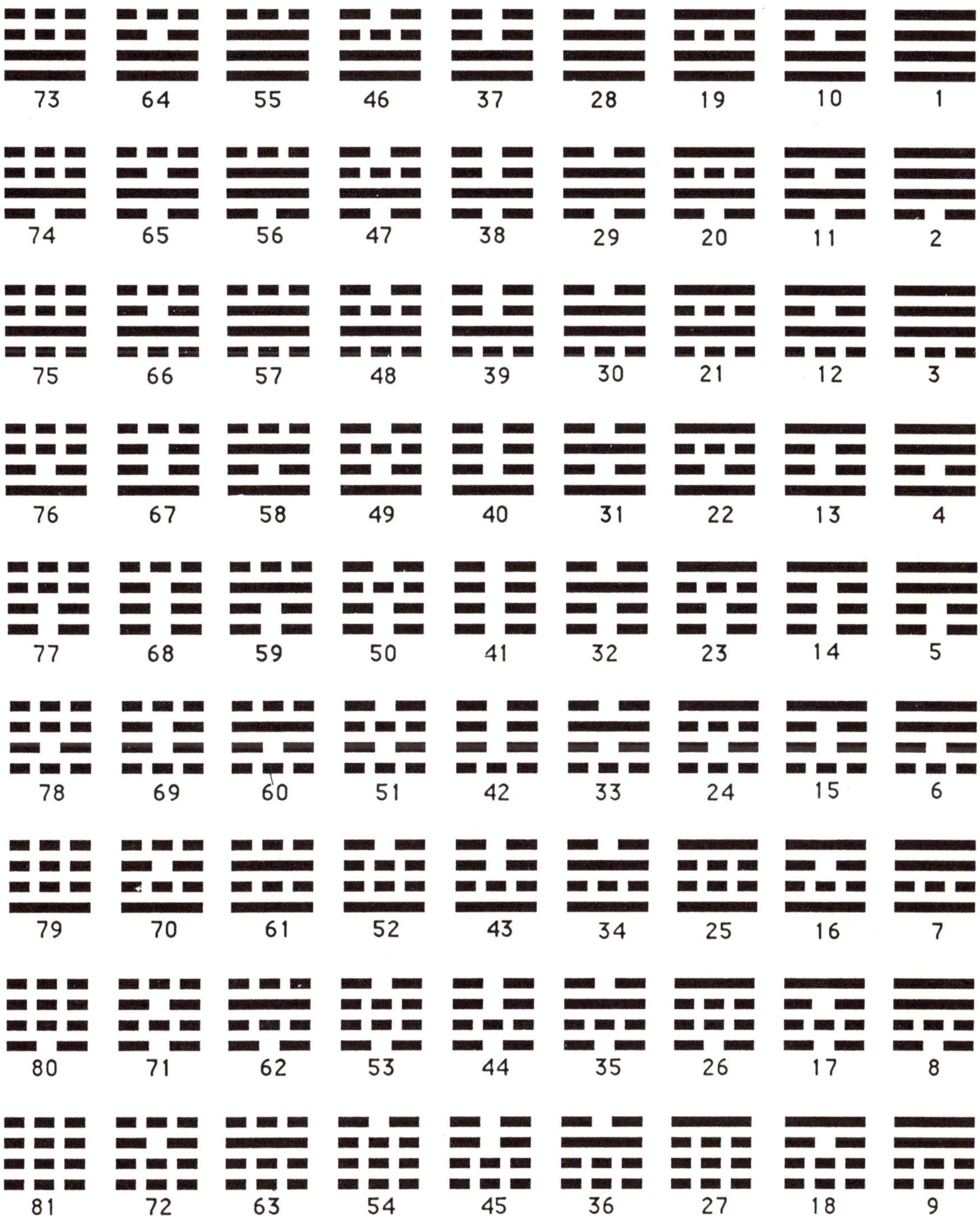

sierte auf dem Quadrat der 8; daher wurde die 64 eine besonders signifikante Zahl in der chinesischen Philosophie.
Es ist kein Zufall, daß das *Tao Te King* 81 Kapitel hat, denn 81, das Quadrat der 9, ist für die chinesischen Philosophen, die die Symmetrie der Zahlen hochschätzten, gleichfalls eine bedeutsame Zahl. Die Eleganz der Zahl 81 wurde von den alten Chinesen ebenfalls durch ein mathematisches Diagramm, in diesem Fall das Tetragramm, zum Ausdruck gebracht. Ein Tetragramm besteht aus vier übereinanderliegenden Linien; die Linien sind entweder durchgehend oder einmal bzw. zweimal unterbrochen. Diese drei Arten von Linien können zu 81 (3^4) Konfigurationen gruppiert werden. Die Tetragramme, die einst dazu benutzt wurden, das *T'ai Hsuan King* nach dem Zufallsprinzip zu lesen, werden hier den 81 Kapiteln des *Tao Te King* zugeordnet. Sie sind in der Tetragramm-Tabelle aufgeführt.
Es gibt zwei Methoden, um mit Hilfe der Tetragramme eines der Kapitel des *Tao Te King* auszuwählen. Die erste Methode geht schnell; für sie braucht man einen sechsseitigen Gegenstand – Würfel wurden von den Chinesen u. a. für Zwecke wie diesen erfunden. Bei der anderen, gleichfalls überlieferten Methode müssen 64 Holzstäbchen, üblicherweise getrocknete Schafgarbenstengel, gezählt werden; zur Durchführung dieser Methode braucht man allerdings mehrere Minuten. Beide Methoden dienen lediglich der Gewinnung einer Zufallszahl – dem Herausgreifen eines raumzeitlichen Moments als Ausgangspunkt für Ihre eigene Erkundung des *Tao Te King*. Der Vorgang als solcher hat keinerlei Bedeutung.
Für die Würfelmethode brauchen Sie einen einzelnen Würfel sowie Stift und Papier. Der erste Wurf ergibt die Grundlinie des Tetragramms. Werten Sie die gewürfelten Augen nach dem untenstehenden Schema aus, und zeichnen Sie die entsprechende Linie auf. Wiederholen Sie jetzt diesen Vorgang drei weitere Male, bis Sie, **von unten nach oben,** ein vollständiges Tetragramm erstellt haben.

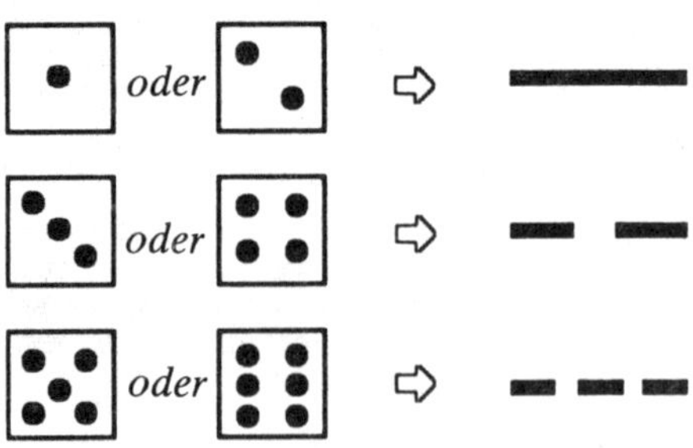

Für die Stäbchenmethode müssen Sie sich 64 lange (15–25 cm), dünne Stäbchen beschaffen. Wenn Sie Ihre Stäbchen beisammenhaben, brauchen Sie eine Arbeitsfläche sowie Stift und Papier.

1. Teilen Sie die Stäbchen vor sich aufs Geratewohl in drei Bündel auf.
2. Nehmen Sie das Bündel ganz rechts, und zählen Sie es nach Dreiergruppen durch. Es bleibt ein Rest von 0, 1 oder 2 Stäbchen übrig. Legen Sie den Rest auf die Seite. **Wenn der Rest gleich 0 ist, nehmen Sie ein Stäbchen**

BIGRAMM-TABELLE

Zur Bestimmung der Tetragrammzahl auf der Bigramm-Tabelle zerlegen Sie Ihr ermitteltes Tetragramm nach untenstehendem Beispiel in zwei Bigramme (= unteres und oberes Bigramm). Als nächstes lokalisieren Sie das obere Bigramm auf der waagerechten oberen Reihe der Tabelle. Dann suchen Sie das untere Bigramm in der rechten Spalte der Tabelle und gehen auf seiner Höhe so weit nach links, bis Sie unter dem oberen Bigramm angelangt sind. Die gefundene Zahl entspricht einem der Kapitel im *Tao der Kraft*.

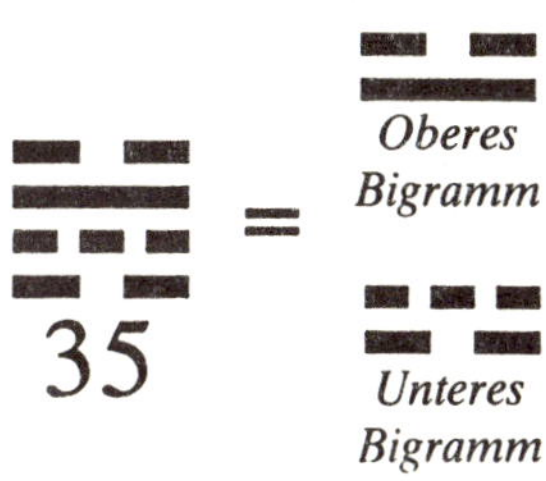

▷ Oberes Bigramm / ▽ Unteres Bigramm									
	73	64	55	46	37	28	19	10	1
	74	65	56	47	38	29	20	11	2
	75	66	57	48	39	30	21	12	3
	76	67	58	49	40	31	22	13	4
	77	68	59	50	41	32	23	14	5
	78	69	60	51	42	33	24	15	6
	79	70	61	52	43	34	25	10	7
	80	71	62	53	44	35	26	11	8
	81	72	63	54	45	36	27	12	9

aus dem soeben ausgezählten Bündel und legen statt dessen dieses auf die Seite.

3. Wiederholen Sie den Schritt 2 für das mittlere Bündel; legen Sie dann den Rest zum Rest des ersten Bündels.
4. Wiederholen Sie den Schritt 2 für das noch verbliebene Bündel, und fügen Sie den Rest zum Rest der ersten zwei Bündel hinzu.
5. Zählen Sie die beiseite gelegten Reste-Stäbchen zusammen. Es müssen 3, 4 oder 5 sein. Diese Zahl ergibt, nach dem untenstehenden Diagramm, die Grundlinie Ihres Tetragramms. Zeichnen Sie die entsprechende Linie auf.
6. Sammeln Sie alle Stäbchen, und wiederholen Sie, mit Schritt 1 beginnend, den ganzen Vorgang drei weitere Male, bis Sie, **von unten nach oben,** ein Tetragramm erstellt haben.

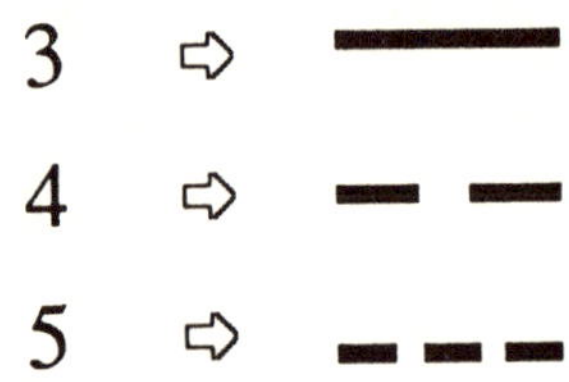

Um festzustellen, welche Zahl (Kapitelnummer) Ihrem Tetragramm entspricht, benutzen Sie die Bigramm-Tabelle. Da sich das Tetragramm von unten nach oben aufbaut, bilden die beiden unteren Linien das untere Bigramm und die beiden oberen Linien das obere Bigramm. Zerlegen Sie Ihr Tetragramm in Bigramme, und suchen Sie Ihr oberes Bigramm in der waagerechten oberen Reihe der Tabelle. Suchen Sie dann das untere Bigramm in der rechten Spalte, und verfolgen Sie die waagerechte Reihe so weit nach links, bis Sie direkt unter der Rubrik des oberen Bigramms angelangt sind. Die dort ermittelte Zahl entspricht einer Kapitelzahl des *Tao Te King*. Sie sollten nun dieses Kapitel lesen, denn das ist der nächste Schritt auf Ihrer Reise durch *Das Tao der Kraft*. Vielleicht machen Sie auch hin und wieder von einem Tagebuch Gebrauch, um die Spur Ihrer Entdeckungsfahrten festzuhalten.

DER ANALYTISCHE VERSTEHENSANSATZ

Die rechte Gehirnhälfte versucht, ihre Erfahrungsinhalte jeweils durch einen intuitiven Gesamteindruck zu begreifen. Dabei bemüht sie sich, alle sich wandelnden Details eines Ereignisses erahnend zu umfassen, ohne freilich im strengen Sinne analysieren zu können, auf welche Weise sie sich ineinanderfügen, um ein Ganzes zu bilden. Diese Hemisphäre ist vor allem an der Gewinnung eines spontanen Allgemeinverständnisses und weniger an der Prüfung der Details beteiligt. Sie kreist gleichsam in der Höhe und verschafft sich einen globalen Überblick.
Verglichen damit begreift die linke Gehirnhälfte ihre Erfahrungsinhalte, indem sie jede Einzelheit eines Ereignisses mißt, analysiert und klassifiziert. Vom Wald erfährt sie etwas, indem sie jeden Baum untersucht; und nach und nach baut sie, stufenweise von unten nach oben, ein Verstehen auf. Aus diesem Grund entspricht der linken Gehirnhälfte, im Unterschied zur rechten, eine mehr analytische Beschäftigung mit dem *Tao Te King*.
Da jedes Kapitel des Buches einen unterschiedlichen geistigen oder verhaltensmäßigen Umgang mit dem *Tao* beschreibt, enthält jedes Kapitel einen spezifischen Aspekt potentieller Kraft *(Te)*. Zur Erforschung dieser einzelnen thematischen Bereiche der Kraft lassen sich die 81 Kapitel des *Tao Te King* in sechs gesonderte Abteilungen aufgliedern. Jede der sechs Abteilungen erweist sich bei zusammenhängender Lektüre der ihr zugeordneten Kapitel als Abhandlung über ein spezifisches, einheitliches Thema. In dieser Gruppierung der Kapitel kann sich der Leser demnach mit sechs verschiedenen Wegen zur Kraft vertraut machen. Die Übersicht auf Seite 25 soll es Ihnen erleichtern, den Kraftbereich ausfindig zu machen, den Sie gern näher kennenlernen möchten. Es handelt sich um folgende Kraftbereiche:

Die Kraft in der Natur: Jedes dieser Kapitel kreist um die ganz elementaren physikalischen Gesetze, die der taoistischen Philosophie zugrunde liegen. Diese Abteilung handelt von der Kosmologie des Tao und den Ursprüngen des Universums und erschließt sich am besten unter einer wissenschaftlichen Perspektive.

Die Kraft in der Bewußtwerdung: Auch diese Kapitel befassen sich mit den physikalischen Gesetzen, die sowohl in der Natur wie in den elementaren philosophischen Grundannahmen des Taoismus zum Tragen kommen. Aber hier wird der Sinngehalt in Form von Gedankenexperimenten dargelegt: in Übungen der Bewußtwerdung, die dazu benutzt werden können, die geistige Kapazität zu erweitern und die Kräfte der Intuition zu verfeinern.

Die Kraft in der inneren Gestaltung: Diese Kapitel entwerfen ebenfalls eine Reihe von Ideen- oder Gedankenexperimenten. Die Übungen dieser Abteilung sollen jedoch dem einzelnen dazu verhelfen, Einstellung und Verhalten zur Ausbildung seiner persönlichen Kraft und zur erfolgreichen Einflußnahme auf seine Umwelt zu nutzen.

Die Kraft in der Führung: Die Kapitel dieser Abteilung richten sich direkt an jene, die sich in Führungspositionen befinden. Jedes Kapitel beschreibt das Idealverhältnis zwischen Führenden und ihren Untergebenen und enthüllt dabei die wirkungsvollsten Methoden zur Lenkung anderer und zur Erreichung von Zielen.

Die Kraft in Organisationen: In dieser Abteilung wird das Verhalten von Menschen untersucht, die in Teams oder Gruppen arbeiten, ebenso wie das Verhalten von Organisationen, die mit politischen, wirtschaftlichen oder sozialen Unternehmungen befaßt sind. Diese Kapitel legen jene taoistischen Prinzipien dar, die zur harmonischen Verwirklichung von Gruppenzielen führen.

Die Kraft in der Nichteinmischung: Zwar wird das Prinzip der taktischen Nichteinmischung (von Laotse *wu wei,* Nicht-Handeln, genannt) in vielen Passagen des *Tao Te King* berührt, aber in diesen Kapiteln wird im einzelnen erklärt, wie der Einsatz des Nichthandelns zur Erlangung dauerhaften Einflusses auf die Dinge der Welt führen kann.

ANORDNUNG DER KAPITEL NACH KRAFTBEREICHEN

Die Kraft in der Natur

4 Das Wesen des Tao
6 Das Verborgene erfassen
11 Nutzen, was nicht ist
14 Der Inbegriff des Tao
21 Den kollektiven Ursprung kennen
25 Das Tao der Größe
34 Das sich entfaltende Tao
40 Der Weg
41 Das Paradoxe meistern
42 Die Polarität kennen
51 Die Kraft teilnahmsloser Förderung
73 Der Weg der Natur

Die Kraft in der Bewußtwerdung

5 Sich an die Mitte halten
8 Friedliche Werte
12 Die Sinne unter Kontrolle halten
13 Das Selbst erweitern
16 Das Absolute kennen
18 Verlust der Instinkte
35 Das Nichtwahrnehmbare gewahren
38 Absichtslose Kraft
45 Die Leere nutzen
50 Die Kunst des Überlebens
52 Rückkehr zur Einsicht
54 Grundlegung einer universalen Sehweise
56 Das Einssein erlangen
71 Die Krankheit erkennen

Die Kraft in der inneren Gestaltung

1 Der Anfang der Kraft
2 Die Polarität nutzen
9 Den Niedergang überwinden
10 Innere Harmonie
15 Die Kraft im subtilen Wirken
20 Unabhängigkeit entfalten
22 Dem Grundmuster folgen
23 Die stetige Wirkkraft der Haltung
33 Sich selbst bezwingen
44 Die Kraft in der Genügsamkeit
49 Das Bewußtsein öffnen
70 Das Tao verstehen
76 Die Kraft in der Anpassungsfähigkeit
77 Die Kraft lenken
79 Die Kraft im Nicht-Nutzen des Vorteils
81 Der reife Weg

Die Kraft in der Führung

3 Den Frieden wahren
17 Der Weg subtiler Einflußnahme
19 Rückkehr zur Einfachheit
26 Die Kraft des Schweren
28 Die Wirkkräfte einen
37 Die Kraft in der Wunschlosigkeit
39 Einssein in der Führung
57 Die Kraft in der Mühelosigkeit
58 Die Mitte ausbilden
60 Die Position halten
62 Das Tao in Führern
65 Gefährdung durch Klugheit
66 Die Kraft im Sich-niedrig-Halten
67 Die Kraft im Mitleid
68 Nichtaggressive Stärke
72 Die rechte Sicht der Dinge

Die Kraft in Organisationen

24 Gefährdung durch Übermaß
27 Der geschickte Austausch von Information
30 Den Führer führen
31 Die Anwendung der Gewalt
36 Die Überlegenheit verbergen
46 Wissen, was genug ist
53 Der ungeteilte Pfad
59 Der Weg der Mäßigung
61 Die Kraft in der Bescheidenheit
69 Die Eskalation aufhalten
78 Die Schuld auf sich nehmen
80 Die Unabhängigkeit vollenden

Die Kraft in der Nichteinmischung

7 Die Kraft der Selbstlosigkeit
29 Der Weg der Nichteinmischung
32 Die Grenzen der Spezialisierung
43 Subtile Kräfte
47 Das innere Wissen ausbilden
48 Die Kunst des Nichthandelns
55 Die Kraft im Nichtstreiten
63 Der Pfad des geringsten Widerstandes
64 Die Kraft im Anfang
74 Unnatürliche Autorität
75 Selbstzerstörerische Führung

DER GANZHEITLICHE VERSTEHENSANSATZ

Wenn Menschen ihr Denkvermögen benutzen, um die sie umgebende Welt zu begreifen und sich mit ihr auseinanderzusetzen, dann machen sie gewissermaßen von zwei unterschiedlichen Bewußtseinsinstanzen Gebrauch. Ihr *normales Bewußtsein* ermöglicht ihnen, gegenüber der physikalischen Realität ihrer Umgebung sinnvolle Reaktionen zu entwickeln, ihr *universales Bewußtsein* hingegen antwortet auf Eindrücke sowohl der physikalischen wie der nichtphysikalischen Realität. Tatsache ist, daß wir gleichzeitig mit beiden Bewußtseinsinstanzen Realität erfahren und Information speichern, aber nicht jeder von uns macht sich diese umfassende geistige Rezeptivität auch voll zunutze.

Das *normale Bewußtsein* konzentriert sich auf die Ebene der physikalischen Realität. Die physikalische Wirklichkeit besteht aus einer Vielzahl von Informationen, die durch die physischen Sinne erfahren werden: Gesicht, Gehör, Geruch, Geschmack und Tastsinn. Diese Informationen werden vom Bewußtsein auf analytische, eher restriktive Weise verarbeitet: In erster Linie benutzt es die Sprache der Worte und Zahlen, um logische Beziehungen aufzubauen. Aus diesen der physikalischen Realität entstammenden Informationen beziehen manche Menschen zeit ihres Lebens ihre gesamte Erfahrung, aber eine solche Welt paßt in Wahrheit eher zu Maschinen als zu Menschen.

Das *universale Bewußtsein* operiert ebenfalls auf der Ebene der physikalischen Realität, richtet sich aber zugleich auch auf die nichtphysikalische Realität. Die nichtphysikalische Realität ist eine Informationsquelle, die mit einem andersartigen sensorischen Apparat erfahren wird, dem Instinkt und Intuition zugehören. Diese Information wird vom Bewußtsein auf universale, nicht festgelegte Weise verarbeitet: Es benutzt die Sprache der Strukturen, um Einsicht zu erreichen.

Das Ziel der taoistischen Philosophie besteht darin, diese beiden Bewußtseinsinstanzen zu einer praktischen Gesamtperspektive zu verknüpfen. Für den Westen – mit seiner Vorliebe für Informationen, die ausschließlich der physikalischen Ebene entstammen – stellt dies zweifellos einen höchst aktuellen Beitrag dar. Gewiß, die physikalische Ebene kann man berühren, hören und sehen – und infolgedessen ist sie real. Wenn wir auf sie einwirken, verändert sie sich; das befriedigt unmittelbar und ist, unbestritten, intellektuell unangreifbar. Aber genau darin liegt, nach der taoistischen Philosophie, ein grundsätzlicher Widerspruch.

Wenn Menschen ihre gesamte Denktätigkeit auf der physikalischen Ebene vollziehen und sich auf der nichtphysikalischen Ebene kaum betätigen – also wenig oder nichts tun, um ihre Intuition zu verfeinern, ein instinktives Wissen vom Wirkungszusammenhang des Universums zu erlangen und Einsicht in die Entfaltung ihrer selbst und der Gesellschaft zu entwickeln –, dann hat ihr Leben gerade in physikalischer Hinsicht wenig wirkliche Bedeutung oder Sinn. Und zwar deswegen, weil die auf der nichtphysikalischen Ebene geleistete Arbeit mehr mit dem Endzweck des Universums übereinstimmt und demzufolge eine größere Wirkung auf unsere physikalische Realität ausübt. Unser inneres Tun beeinflußt und entfaltet das Universum, das seinerseits unsere Realität entfaltet. Je mehr unser Tun von innen her kommt und in die Tiefe geht, desto auffallender sind die Veränderungen auf der physikalischen Ebene, und um so rascher erfolgt die Evolution der Gattung insgesamt. Verglichen damit sind unsere Bemühungen im physikalischen Bereich dieses abgelegenen, am äußersten Rand des Universums gestrandeten Stücks Erde nicht nur völlig unbedeutend, sondern hoffnungslos in Wirkung und Ursache, Aktion und Reaktion verstrickt.

Wenn wir das taoistische Ideal eines kooperativen Welt-Bewußtseins in universale Dimensionen erweitern, dann hat das Universum nur einen einzigen Endzweck, und die Evolution bewegt sich nur in eine einzige Richtung: auf die Entfaltung des unermeßlichen Netzwerks eines Nervensystems zu, das ein denkendes Bewußtsein für das ganze Universum ins Leben ruft. Wir, als einzelne, ja selbst als globale Gesellschaft, sind nur Neuronen eines Universalgehirns, das sich gegenwärtig noch in einem sehr primitiven Wachstumsstadium befindet. Wir können das innewohnende Wachstumsmuster zum Beispiel in der Evolution der Arten erkennen: Vom einfachsten Hirnstamm der niederen Lebensformen führt sie zum komplexen Gehirn und Verstand des Menschen; und wir können es in der Evolution unserer Denkwerkzeuge sehen – von der primitivsten Apparatur, die mit Zahlen rechnen kann, bis zum vernetzten System einer wissensmächtigen und urteilsfähigen Datenverarbeitung.

Tatsache ist, daß jeder von uns weit mehr über die – vergangene, gegenwärtige und künftige – Realität weiß, als er rational zu begreifen und auszudrücken fähig ist. Und ob wir nun an unserer inneren Entwicklung arbeiten oder nicht, wir alle erfahren mit Hilfe unseres intuitiven Bewußtseins die tiefsten Wahrheiten über unsere Welt und unsere Bestimmung. Unsere Aufgabe ist es also, unser analytisches, logisches Bewußtsein zu benutzen, um diese potentiell hochwertige Information zutage zu fördern, damit wir auch von ihr Gebrauch machen können.

Legen Sie sich ein Tagebuch an, das bei der Stimulierung Ihrer Einsichten in die Realität von Nutzen sein kann. Sein zweckmäßiger Gebrauch bestünde etwa darin, daß Sie eine Erfahrung aus Ihrem Leben aufnotieren und dann nach einem Grundmuster in dieser Erfahrung suchen, das sich mit übergreifenden physikalischen Grundmustern im Universum vergleichen läßt. Dabei lernen Sie, Ihre Erfahrungen gänzlich aus dem Subjektiven und Zufälligen ins Objektive und Universale zu transponieren. Alle persönlichen Erfahrungen nehmen, wenn man sie auf diese Weise geistig weiterentwickelt, eine tiefere, überpersönliche Bedeutung an. Grundmuster tauchen auf und wiederholen sich regelmäßig. Indem Sie Ihr Leben in universaler Form beschreiben, übt sich Ihr Bewußtsein im Erkennen dieser Grundmuster, und durch das Erkennen der natürlichen Ereignisfolgen beginnen Sie die Zukunft zu begreifen.

Wenn Sie also den Eindruck haben, daß ein Ereignis, ein Vertragsabschluß, eine Beziehung oder eine überraschende Entdeckung für Ihren Lebensweg von besonderer Bedeutung ist, dann beschreiben Sie zunächst den entsprechenden Sachverhalt in Ihrem Tagebuch. Dann blenden Sie die Einzelheiten der skizzierten Sachlage aus Ihrem Bewußtsein aus und versuchen sie erneut, diesmal mit Hilfe eines Gleichnisses aus der Natur, zu umschreiben. So ließe sich zum Beispiel eine Position ohne Zukunftsaussicht, die Sie zu einem Berufswechsel zwingt, mit einem Fluß vergleichen, der einen Talkessel auffüllt und schließlich über dessen Ränder tritt, um sich einen neuen Weg zu bahnen.
Oder die Schwierigkeiten, mit denen man beim Lancieren einer neuen Idee zu kämpfen hat, die später zu einem marktbeherrschenden Produkt führt, ließen sich mit der Energie vergleichen, die man braucht, um ein schweres Rad in Gang zu setzen, sowie mit der Schwungkraft, die es dann in Bewegung hält.
Wenn eine Beziehung an äußeren Einflüssen zerbricht, drängt sich vielleicht die Analogie zu einem Planeten auf, dessen Satellit aus seiner Umlaufbahn gerät. Oder Sie denken dabei vielleicht eher an ein schweres Atom, dessen instabil werdender Kern zur Stärkung seiner Ladung ein Elektron abgibt.
Wenn wir unsere persönlichen Erfahrungen notieren und in die Sprache der Natur zurückübersetzen, treten wir in einen Dialog mit dem Universum ein. Wir lernen, unsere Identität in der Welt neu zu definieren, indem wir von unserem wachsenden Wissen um Abläufe in der Natur Gebrauch machen. Wir erkennen, wie sich die physikalischen Gesetze in unserem Leben widerspiegeln – etwa in der Dialektik von schwierig und einfach, gehemmt und fließend, positiv und negativ –, und wir treten in eine Beziehung unmittelbarer wechselseitiger Abhängigkeit mit einem faszinierenden, unparteiischen, sich entfaltenden Universum. Wenn wir unser Leben nach den Rhythmen dieses Universums ausrichten, beginnen wir seinen Endzweck zu verstehen und seinen Sinn in unserem Leben zu verwirklichen.
Die Kraft und tiefe Einsicht, die wir aus dieser universalen Perspektive gewinnen, kann auf jede Lebenssituation angewendet werden. Wir lernen, wozu Menschen in ihrem Verhalten und wohin Gesellschaften in ihrer Entwicklung tendieren, und wir erkennen Konstellationen, die zu keinerlei Hoffnung Anlaß geben, weil ihre spezifische Struktur ihren eigenen Zerfall hervorrufen wird. So entwickeln wir die Kraft, unser Leben in eine Zukunft zu steuern, an deren Gestaltung wir aktiv teilhaben. Und indem wir dies tun, erreichen wir letztlich, daß wir das, was wir mit unserem Bewußtsein berühren, ein wenig entfalteter und reifer zurücklassen, als wir es angetroffen haben. Und genau darin liegt unsere Erfüllung.

DIE
81 KAPITEL
DES
TAO TE KING

ABSOLUT

Das Schriftzeichen für absolut *oder ewig* (常) *besteht aus einem Dach* (宀), *das Wind und Regen abhält* (丷), *ein Ideogramm, das das Höhere/Höherstehende bezeichnet. Unter dem Dach befindet sich ein Fenster* (口), *von dem ein Stück Tuch* (冂) *herabhängt* (丨). *Das herabhängende Tuch stellt ein ununterbrochen wehendes Banner oder Fahnentuch dar.*

1

DER ANFANG DER KRAFT

Das sagbare Tao
　　Ist nicht das Tao des Absoluten.
Der nennbare Name
　　Ist nicht der Name des Absoluten.

Das Namenlose rief Himmel und Erde ins Leben.
Das Nennbare ist die Mutter aller Dinge.

Demnach enthüllt sich dem erwartungslosen Blick
　　Stets der Beweg-Grund;
Dem erwartungsvollen Blick aber enthüllt sich
　　Stets die Begrenzung.

Der Ursprung der beiden ist der gleiche,
Nur dem Namen nach sind sie verschieden.
Zusammen nennt man sie tief,
Tief und geheimnisvoll,
Das Tor zum kollektiven Beweg-Grund.

In diesem Kapitel zeigt sich Laotse von seiner geheimnisvollsten und dunkelsten Seite; es umfaßt viele der Hauptelemente der Philosophie des *Tao Te King,* die in anderen Kapiteln eingehender dargelegt werden. Knapp skizziert: In der taoistischen Kosmologie schuf das Absolute (das Namenlose) ein aus Materie und Energie bestehendes Universum. Das Tao (das Nennbare) ist der Wirkungszusammenhang der physikalischen Gesetze, die Materie und Energie in alle Dinge innerhalb des Universums verteilen und ihre Ausformung steuern.
In diesem Kapitel, wie im gesamten Text sonst auch, drängt Laotse seine Leser dazu, ihre Erwartungen fallenzulassen, ihre vorgefaßten Meinungen abzulegen, jegliche Methode des Verstehens aufzugeben, die ihren Horizont einschränken könnte. Werden die Erwartungen fallengelassen, dann erweitert sich das Bewußtsein, und mit ihm erweitert sich zugleich die Realität. Über die Wahrnehmung des scheinbar statischen Soseins der Dinge (die Begrenzung) hinaus kann der Sinnsuchende anfangen, die innere Dynamik, die Zielrichtung der Dinge (den Beweg-Grund) wahrzunehmen. Daß die Kraft, die aus dem Erfassen der Zukunft erwächst, von Nutzen ist, liegt auf der Hand; aber überdies entfaltet sich eine noch tiefer greifende Kraft, die Einsicht und Sammlung zur Folge hat. Der einzelne beginnt, seine Fähigkeit zu spüren, Geschehensabläufe durch Einwirken seines Bewußtseins steuern zu können. Er hat den Pfad seiner persönlichen Kraftentfaltung – »Das Tor zum kollektiven Beweg-Grund« – ausfindig gemacht.

道可道。非常道。名可名。非常名　無名天地之始。有名萬物之母
故常無欲。以觀其妙。常有欲。以觀其徼
此兩者。同出而異名。同謂之玄。玄之又玄。衆妙之門

DIE POLARITÄT NUTZEN

Wenn alle Welt das Schöne als Schönes erkennt,
So nur auf dem Hintergrund des Häßlichen.
Wenn sie das Gute als Gutes erkennt,
So nur auf dem Hintergrund des Bösen.

Gleichermaßen:
Sein und Nichtsein erzeugen einander.
Schwierig und leicht ergänzen einander.
Lang und kurz spiegeln einander.
Hoch und niedrig umarmen einander.
Klang und Ton bestimmen einander.
Vergangenes und Künftiges folgen einander.

Demgemäß auch die reifen Menschen:
Sie behaupten ihre Stellung ohne Mühe,
Verwirklichen ihre Lehre ohne Worte,
Sind ein Teil von allen Dingen und übersehen keines.
Sie erzeugen, aber besitzen nicht,
Sie handeln ohne Erwartung,
Sie vollbringen ohne Anspruch auf Verdienst.

Fürwahr, weil sie kein Verdienst beanspruchen, wächst es ihnen zu.

Der taoistischen Philosophie liegt – genau wie den Naturwissenschaften – das Prinzip der Komplementarität oder Polarität zugrunde. Jede Aktion hat ihre komplementäre Reaktion, und jeder Pol hat seine Entsprechung in einem Pol entgegengesetzter Ladung. Das metaphysische Problem des Taoisten besteht nun darin, eine Beziehung herzustellen zwischen der Funktionsweise von Materie und Energie in der Natur und der Verhaltensweise menschlicher Individuen in der Gesellschaft.
Reife Menschen nutzen Kenntnis und Verständnis der physikalischen Gesetze zur Gestaltung von Geschehensabläufen innerhalb ihres sozialen Umfeldes. Sie wissen, daß nichts ohne das Vorhandensein seines jeweiligen Gegenteils existiert; deshalb beherrschen und regeln sie ihre Lebensbedingungen unter strikter Vermeidung von Extremen, auch dann, wenn diese in eine Richtung weisen, die man als »gut« qualifizieren könnte. Sie propagieren ihre Lehre nicht. Nichts übersehen sie innerhalb ihres Lebensbereichs, und doch liegt ihnen nichts am Besitz von Dingen, nicht einmal ihres eigenen Denkens und Tuns. Die Last hochfliegender Erwartungen nehmen sie nicht auf sich, und insbesondere beanspruchen sie für ihre Leistungen kein Verdienst. Gerade dadurch aber werden Natur und Gesellschaft veranlaßt, das Gleichgewicht in ihre Richtung auszupendeln und ihnen das gebührende Verdienst zukommen zu lassen.

2

天下皆知美之爲美。斯惡己。
皆知善之爲善。斯不善己
故有無相生。難易相成。長短相形。
高下相傾。音聲相和。前後相隨
是以聖人處無爲之事。行不言之教。萬物作焉而不辭。
生而不有。爲而不恃。功成而弗居　夫唯弗居是以不去

DEN FRIEDEN WAHREN

Erhöht nicht die besonders Begabten,
Und die Menschen werden nicht streiten.
Schätzt nicht schwer erschwingliche Güter,
Und die Menschen werden nicht zu Dieben.
Richtet das Augenmerk nicht aufs Begehren,
Und das Menschenherz bleibt unbetört.

Demgemäß führen reife Menschen die andern:
Sie öffnen ihnen das Herz,
Sie festigen ihnen die Mitte,
Sie mildern ihr Begehren,
Sie stärken ihren Charakter.

Laßt die Menschen stets ohne List und Begehren handeln;
Laßt die Schlauköpfe am Handeln verzagen.
Handelt, ohne zu handeln,
Und nichts bleibt ungeordnet.

Reife Führer wissen, daß ihre Haltung letztlich größeren Einfluß hat als ihr Handeln. Sie wissen, daß jene Dinge, die sie wertschätzen und hochhalten, umgehend zum motivierenden Antrieb für ihre Mitmenschen werden. Deshalb stufen sie öffentlich solche Qualitäten als erstrebenswert ein, die für jedermann erreichbar sind – Unverfälschtheit, Anpassungsfähigkeit und Spontaneität. Von außergewöhnlichen Errungenschaften oder imponierenden Besitztümern machen sie wenig Aufhebens, da sie wissen, daß andernfalls Harmonie und Eintracht unter den Menschen untergraben würden. Reife Führer bringen den Geführten Frieden und Fortschritt durch die Wirkkraft einer untadeligen Haltung. Sie praktizieren die Nichteinmischung und gestalten Geschehensabläufe mit der Kraft ihrer Haltung.

3

不尙賢。使民不爭。不貴難得之貨。
使民不爲盜。不見可欲。使民心不亂
是以聖人之治。虛其心。實其腹。
弱其志。强其骨
常使民無知無欲。使夫智者不敢爲也。
爲無爲。則無不治

TAO

Das Schriftzeichen für tao *(* 道 *) setzt sich aus mehreren Ideogrammen zusammen. Das Rechteck mit den zwei waagerechten Strichen darin stellt einen Kopf mit kleinen Haarbüscheln (* 丷 *) auf dem Scheitel dar, den Kopf eines Führers (* 首 *). Ihm gliedert sich das Bildkürzel für laufende (* 彡 *) und stillstehende (* 止 *) Füße an, das heute in etwas veränderter Schreibweise wiedergegeben wird (* 辶 *) und »voranschreiten« bedeutet. Miteinander symbolisieren die beiden Ideogramme das höhere Bewußtsein, das, ebenso wie die Füße, auf dem Weg voranschreitet.*

4

DAS WESEN DES TAO

Das Tao ist leer und doch nutzbar;
Niemals füllt es sich an.
So unergründlich!
Es gemahnt an den Ursprung aller Dinge.

Es stumpft die Schärfe ab,
Entwirrt die Verschlingung,
Und mildert die Helligkeit.
Es geht auf in den Wegen der Welt.

So tief!
Es gemahnt an ein bestimmtes Sein.
Ich weiß nicht, wessen Sproß es ist,
Dies Bildnis im Vorfeld des Ursprungs.

Wie Laotse in diesem Kapitel hervorhebt, ist das Tao nicht der Ursprung des Universums – das Absolute –, sondern eher die Art und Weise, in der alles im Universum sich wandelt und entfaltet. Wie eine mathematische Formel ist das Tao leer und nutzbar zugleich, und wie eine Formel kann es immer wieder benutzt werden. Das Tao durchdringt die Natur. Es bewegt sich durch die Welt und ebnet dabei die Extreme ein – glättet und versöhnt sie. Es entfaltet das Universum und alle Dinge in ihm.

Der Ausdruck *alle Dinge* kann wörtlich mit »zehntausend Dinge« übersetzt werden. Dies ist eine symbolische Zahl zur Bezeichnung des gesamten materiellen Universums.

道冲而用之。或不盈。淵兮。似萬物之宗
挫其銳。解其紛。和其光。同其塵
湛兮。似或存。吾不知誰之子。象帝之先

HIMMEL UND ERDE

Das Schriftzeichen für Himmel (天) *setzt sich aus drei Ideogrammen zusammen. Die gegabelten Striche im unteren Teil (人) stellen einen gehenden Menschen dar. Als Zeichen seiner Größe sind die Arme ausgebreitet (一). Über den Schultern erstreckt sich die Hülle des Kosmos (ˉ).*

Das Schriftzeichen für Erde (地) *besteht aus zwei waagerechten, Muttergestein und Boden symbolisierenden Linien (二), aus denen ein Schößling hervorwächst (丨). In Verbindung mit dem alten Bildkürzel für ein Trinkgefäß oder Horn ([illegible]), das heute in modernisierter Schreibweise wiedergegeben wird (也), umfaßt es sinngemäß den Bezirk des Menschlichen.*

5

SICH AN DIE MITTE HALTEN

Himmel und Erde sind unparteiisch;
Strohhunde sind für sie alle Dinge.
Reife Menschen sind unparteiisch;
Strohhunde sind für sie alle Menschen.

Zwischen Himmel und Erde
Gleicht der Raum einem Blasebalg.
Seine Gestalt ändert sich,
Aber nicht sein Bau.
Je mehr er sich bewegt,
Desto mehr bringt er hervor.

Zuviel Reden verausgabt sich selbst.
Gesammelt zu bleiben ist besser.

天地不仁。以萬物爲芻狗。聖人不仁。以百姓爲芻狗
天地之間。其猶槖籥乎。虛而不屈。動而愈出
多言數窮。不如守中

Die Formulierung »Himmel und Erde« bezieht sich auf die nichtphysikalischen und physikalischen Bereiche, die das Wirken des Tao im weltlichen Geschehen widerspiegeln. Da das Tao innerhalb der Natur unparteiisch seine Wirkung entfaltet, verhalten sich die reifen Menschen auf dieselbe Weise. Sie wissen, daß sie die Menschheit unparteiisch betrachten müssen, wenn sie sich über sich selbst und ihre eigene Stellung in der Welt Klarheit verschaffen wollen. Nichtsdestoweniger sind reife Menschen in ihrer emotionalen und geistigen Unabhängigkeit voller Mitgefühl. Weil sie gesammelt sind, reagieren sie mit spontanem Wohlwollen. Sammlung bedeutet, der Stimme des inneren Bewußtseins zu lauschen, das seinerseits am Bewußtsein des Universums teilhat. Folgt man dem einen, befindet man sich in Übereinstimmung mit dem anderen. Dies ist der Pfad zur Selbst-Entdeckung.

Der Ausdruck *unparteiisch* kann wörtlich mit »un-menschlich« wiedergegeben werden. Das Wort *menschlich* läßt sich etymologisch aus zwei Schriftzeichen herleiten, »Mensch« und »zwei« (als Bezeichnung einer Gruppe); es bezieht sich auf Menschen, die sich mit ihrer Gesellschaft identifizieren.

Der Ausdruck *Strohhunde* nimmt Bezug auf einen alten chinesischen Brauch, bei dem Strohtiere angefertigt wurden, um sie in Opferriten zu verbrennen. Gefühlsimplikationen waren mit diesen Bildwerken nicht verknüpft; sie erfüllten lediglich eine kultische Funktion.

TAL

Das heutige Schriftzeichen für Tal (谷) *leitet sich aus einer alten, bildlich sehr expliziten Ideogramm-Kombination her* ( ). *Sie zeigt zwei Berge am Rand einer abgründigen Schlucht* ( ) *mit fließendem Gewässer in der Tiefe* ( ).

6

DAS VERBORGENE ERFASSEN

Unsterblich ist das Geheimnis des Tals;
Als das Verborgen-Weibliche ist es bekannt.
Das Eingangstor des Verborgen-Weiblichen
Ist der Quellgrund von Himmel und Erde.

Ewig und endlos tritt es in Erscheinung.
Seine Nutzbarkeit kommt ohne Mühe.

In diesem Kapitel charakterisiert Laotse das Tao als das Verborgen-Weibliche, da das Tao Eigenschaften widerspiegelt, die Laotse für typisch weiblich hielt. Das Tao ist passiv, rezeptiv und in sich ruhend – und doch liegt der Schlüssel zu seiner geheimnisvollen Kraft in seinem verborgenen Wirken. Laotse verwendet das Bild des Tals als Metapher für die spezifisch menschliche Wahrnehmung der Realität. Die Begrenzungen des Tals verschatten den Blick auf den Quellgrund der Schöpfung dahinter: das Absolute. Das »Eingangstor« – das Tao – führt vom Quellgrund der Schöpfung in das Tal, wo seine Wirkungsweise in weltlichen Dimensionen (Himmel und Erde) sichtbar wird. Die Schlußzeile in diesem Kapitel erinnert die reifen Menschen daran, daß sie ihre Unternehmungen mühelos realisieren können, sofern sie sich in weltlichen Angelegenheiten mit dem Tao in Übereinstimmung befinden.

谷神不死。
是謂玄牝。玄牝之門。是謂天地根
緜緜若存。用之不勤

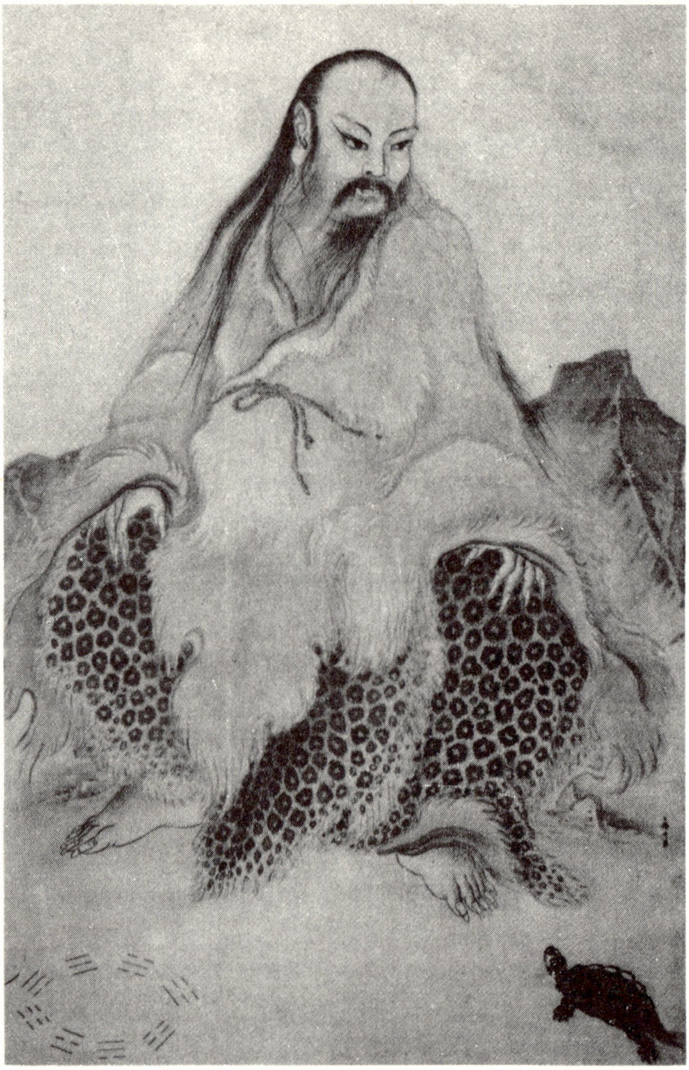

FU HSI

Der erste von Chinas mythischen Kaisern soll von 2953 bis 2838 v. Chr. gelebt haben. Ihm wird die Erfindung des Kalenders und des Ehevertrags sowie die Herstellung des ersten Saiteninstruments zugeschrieben. Außerdem brachte er seinem Volk die Jagd, den Fischfang und das Kochen sowie die Haustierzucht bei.
Fu Hsi entwickelte die acht Trigramme, eine Abfolge von Linien, die kausale Beziehungen versinnbildlichten; angeblich hat er sie in den Mustern auf dem Rückenpanzer einer Schildkröte entdeckt. Die acht Trigramme wurden später zur Grundlage des I Ging. *Fu Hsi erkannte das gesetzmäßige Zusammenspiel von Dauer und Wechsel in der Natur, übertrug es auf Belange des sozialen Bereichs und schuf damit praktisch eines der ersten historisch belegbaren Systeme der Verwaltung und Menschenführung.*

Nationales Palastmuseum, Taipei, Taiwan

7

DIE KRAFT DER SELBSTLOSIGKEIT

Der Himmel ist ewig, die Erde immerwährend.
Ewig und immerwährend können sie sein,
Weil sie nicht um ihrer selbst willen sind und wirken.
Aus diesem Grund können sie ewig sein und wirken.

Daher setzen reife Menschen
Ihr Selbst an die letzte Stelle,
Und stehen doch an erster Stelle.
Stellen ihr Selbst an die Seite,
Und bleiben doch in der Mitte.

Ohne Selbst-Zweck sind sie:
Siegen ihre Zwecke nicht aus diesem Grund?

Der Weg der Anhänger des Tao scheint dem gesunden Menschenverstand und der erwarteten Verhaltensnorm zu widersprechen. Reife Menschen wissen, daß die zyklische Wirkungsweise des Tao letztlich ebendas in den Vordergrund rückt, was sich momentan im Hintergrund befindet. Dieser naturgegebene Wechsel vollzieht sich ohne Gewaltsamkeit oder Widerstand und ist daher von Dauer. Die sorgfältige Wahl der Position ist demnach die spezifische Vorgehensweise der Reifen. Indem sie ihr Selbst an die letzte Stelle und an die Seite setzen, nötigen sie, unter Einsatz von Scharfsinn und taktischem Beharrungsvermögen, ihr soziales Umfeld dazu, die fehlende Balance wieder auszugleichen und naturgemäß ihren persönlichen Erfolg voranzutreiben.
Obwohl es zutrifft, daß Handeln ohne Selbst-Zweck die eigenen Zwecke realisieren hilft, entdecken doch diejenigen, die ihren Selbst-Zweck an die letzte Stelle setzen, daß sich ihre Wunschvorstellungen radikal wandeln. Mit zunehmender Bewußtheit entfalten sie Erfolgsnormen, die auf umsichtige Weise sowohl der aktuellen Situation als auch übergreifenden Zusammenhängen im Weltgeschehen angepaßt sind. Aus diesem Grund entwickelt sich mit der Realisierung ihrer Ziele auch ihr soziales Umfeld weiter.

天長地久。天地所以能長且久者。以其不自生。故能長生
是以聖人後其身。而身先。外其身。而身存
非以其無私邪。故能成其私？

NICHT-STREITEN

Das Schriftzeichen für nicht (不) *besteht aus dem Piktogramm eines emporfliegenden Vogels* (个), *der zum Himmel* (一) *aufsteigt und unsichtbar wird. Das Schriftzeichen für* streiten (爭) *leitet sich vom Bild zweier Hände her* ([illegible]), *die miteinander um den gleichen Gegenstand* (亅) *ringen.*

8

FRIEDLICHE WERTE

Der höchste Wert gleicht dem Wasser.

Der Wert des Wassers bringt allen Dingen Nutzen,
Und doch geschieht dies ohne Wettstreit.
Es verharrt an Orten, die andere verachten,
Und ist daher dem Tao nah verwandt.

Der Wert einer Behausung zeigt sich an der Wahl des Platzes.
Der Wert eines Gemüts zeigt sich an der Tiefe.
Der Wert menschlichen Umgangs zeigt sich an der Wohlgesinntheit.
Der Wert von Worten zeigt sich an der Aufrichtigkeit.
Der Wert der Führung zeigt sich an der Ordnung.
Der Wert des Schaffens zeigt sich an der Tüchtigkeit.
Der Wert des Tätigwerdens zeigt sich an der Rechtzeitigkeit.

Fürwahr, weil dies ohne Wettstreit geschieht,
Kommt auch kein Unmut auf.

Das Wassergleichnis kehrt im *Tao Te King* häufig wieder. Es dient zur Beschreibung des Verhaltens der Reifen – ebenjener Menschen, die eine Situation spontan zum Besseren verändern, ohne Widerstand oder Unmut herauszufordern. Wie das Wasser wetteifern die Eingeweihten nicht um die Erringung hoher Positionen, sondern halten sich statt dessen an geringere. Dieses taoistische Ideal läuft der üblichen Ansicht zuwider, daß man sich im Konkurrenzkampf seinen Erfolg mühsam erstreiten muß.
Die in diesem Kapitel aufgeführten Werte sind solche, die nur bei voll entfalteter Einsicht erreicht werden können: Um den rechten Platz zu erlangen, muß man das Ganze kennen; um Tiefe zu erlangen, muß man um ihre Möglichkeit wissen; um Wohlgesinntheit zu erlangen, muß man die Menschennatur verstehen; um Aufrichtigkeit zu erlangen, muß man die innere Wahrheit kennen; um Ordnung zu erlangen, muß man die Gesamtstruktur kennen; um Tüchtigkeit zu erlangen, muß man den Wert einer vollendet durchgeführten Arbeit kennen; um Rechtzeitigkeit zu erlangen, muß man sich der Vergangenheit und der Zukunft gleichermaßen bewußt sein. Eine so umfassende Einsicht macht jeden Wettstreit überflüssig, da das sichere Gespür und die Intuition, die sich aus ihm folgerichtig entwickeln, unfehlbar zur Erfüllung führen.

上善若水　水善利萬物。而不爭。處衆人之所惡。故幾於道
居善地。心善淵。與善仁。言善信。
正善治。事善能。動善時　夫唯不爭。故無尤

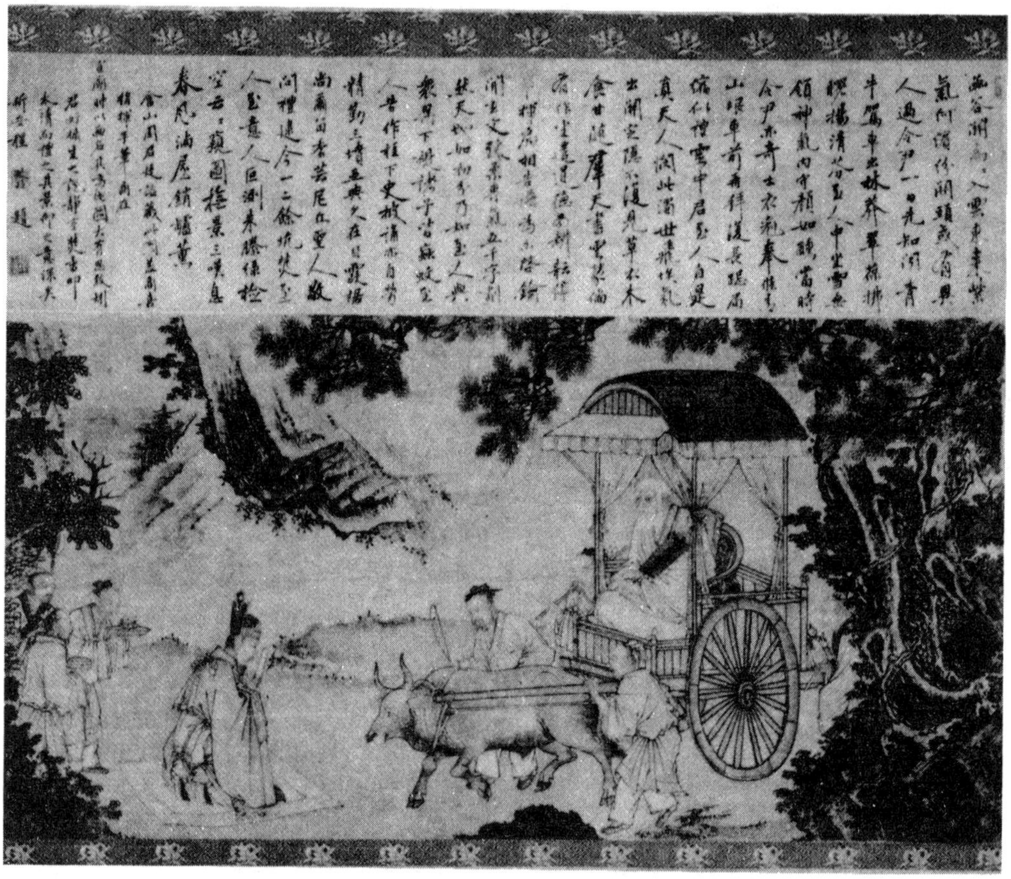

LAOTSE BEIM ÜBERSCHREITEN DER GRENZE

Laotse lebte in einer Zeit, die von den Historikern als Epoche der Streitenden Reiche bezeichnet wird, während der China in verheerende innere Wirren verstrickt war. Der Sage nach war es Laotse im Alter von 160 Jahren leid, mit ansehen zu müssen, wie diese Welt sich verzweifelt um das abplagte, was seiner Überzeugung nach mühelos und natürlich zu erlangen war: Frieden und Fortschritt. So gab er seine Stellung in der chinesischen Reichshauptstadt Loyang auf und zog mit seinem Ochsen westwärts durch den Han-Ku-Paß.

Unterdessen hatte Yin Hsi, der Aufseher des Passes, in den Wetterverhältnissen deutliche Vorzeichen dafür entdeckt, daß an jenem Tag noch lebenswichtige Kunde zu erwarten wäre. Als Laotse eintraf, wollte Yin Hsi den wohlbekannten Gelehrten nicht passieren lassen, ehe er nicht sein ganzes Wissen niedergeschrieben hätte. Laotse lagerte in der Nähe und verfaßte sein klassisches Werk aus fünftausend Schriftzeichen, das Tao Te King. *Er übergab es Yin Hsi und setzte seinen Weg in die Berge westlich von China fort. Er wurde nie wieder gesehen.*

MOA Kunstmuseum, Atami, Japan

9

DEN NIEDERGANG ÜBERWINDEN

Nicht festhalten an der Fülle:
Besser loslassen beizeiten.

Schärfe, die übergründlich eindringt,
Kann nicht lange schützen.

Ein mit Schätzen angefülltes Haus
Kann nicht verteidigt werden.

Stolz auf Wohlstand und Ansehen
Ist Blendwerk vor dem eignen Zusammenbruch.

Sich zurückziehn nach vollbrachter Leistung
ist das Tao in der Natur.

功成身退。天之道
金玉滿堂。莫之能守
持而盈之。不如其已
富貴而驕。自遺其咎
揣而梲之。不可長保

Nach der für sie erfolgreichen Veränderung von Gegebenheiten und Situationen halten sich reife Menschen nicht damit auf, die unausweichliche Phase des Niedergangs abzuwarten. Sie wissen: Wenn sie aufhören, sich mit dem Prozeß ihrer Vervollkommnung zu identifizieren, wird ihr inneres Wachstum enden und ihr Verfall beginnen. Nichts innerhalb der Natur ist statisch. Alle Dinge, die ihre volle Reife erreicht haben – seien dies Pflanzen und Tiere oder Planeten und Sterne –, sind notwendigerweise dem Niedergang unterworfen. Deshalb halten auch die Gereiften nie in ihrem Wachstum inne und häufen nie soziale oder materielle Lasten an, die nur ihre fortschreitende Entwicklung verlangsamen würden. Nach getaner Arbeit gehen sie zur nächsten Aufgabe über. Auf diese Weise entfalten sie Größe und Kraft.

EINFLUSS

Einfluß (氣) *gehört zur philosophischen Konzeption des* ch'i: *der Energie oder dem innersten Wesen des Lebens. Ursprünglich setzte sich das Schriftzeichen aus den Ideogrammen für Sonne (⊙) und für Feuer (火) zusammen, die Dampfwölkchen (气) von der Erde aufsteigen lassen (氣). In der heutigen Schreibweise des Zeichens steigt Wasserdampf (气) von kochendem Reis (米) auf, dem Hauptnahrungsmittel der Chinesen.*

INNERE HARMONIE

Wenn du deine Seelenkräfte bändigst und das Eine umfängst,
Kannst du unzerteilt bleiben?
Wenn du energisch deinen Einfluß einsetzt,
Kannst du dich biegen und fügen wie ein Neugeborenes?
Wenn du deine Einsicht läuterst,
Kannst du von Irrtum frei werden?
Wenn du die Menschen liebst und die Organisation lenkst,
Kannst du des Handelns dich enthalten?
Wenn du das Tor zur Natur öffnest und schließt,
Kannst du nicht erschlaffen?
Wenn du ringsum alles klar siehst und verstehst,
Kannst du ohne Wissen sein?

Bring Dinge hervor, laß Dinge gedeihen;
Bringe hervor, aber nimm nicht in Besitz.
Handle ohne Erwartung.
Steige im Rang, ohne zu beherrschen.
Dies nennt man die verborgenen Kräfte.

Die Anhänger des Tao trachten nach Erkenntnis und Versöhnung der Extreme in der menschlichen Natur. Den einen Pol bilden Aggressivität und bewußte Zielsetzungen; den anderen Spontaneität und das Bedürfnis nach sozialer Integration. Reife Menschen wissen, daß die Kraft, die sie in der Arbeit am inneren Bewußtsein entwickeln, nur durch die Auflösung dieses Gegensatzes aufrechterhalten werden kann. Es ist ihnen klar, daß alle ihre Erfahrungen im Leben immer ihrer persönlichen Entwicklung entsprechen, und so arbeiten sie dann mit großer Intensität. Sie lernen, ihre Absicht zu verwirklichen und ihre Lebensbedingungen zu meistern, indem sie objektiv und für alle Arten von Information aufgeschlossen bleiben. Sie vermeiden aggressives Handeln, und sie überwinden wertlose Begierden. Statt dessen gestalten sie ihre Umwelt und steuern die Zukunft mit Hilfe des Einflusses ihrer geistigen Schwerkraft. Dies sind die verborgenen Kräfte.

Das Wort *Einfluß* entspricht hier dem chinesischen Wort *ch'i,* das mit »Atem« oder »Lebenskraft« übersetzt werden kann. Es bezeichnet die psychophysische Energie eines Menschen und wird mit *tai ch'i,* der Kampfkunst, assoziiert.

10

載營魄抱一。能無離乎？專氣致柔。能嬰兒乎？滌除玄覽。能無疵乎？
愛民治國。能無爲乎？天門開闔。能無雌乎？明白四達。能無知乎？
生之畜之。生而不有。爲而不恃。長而不宰。是謂玄德

OFFENHEIT

Offenheit (虛) *besteht aus zwei Grundelementen. Das erste symbolisiert eine öde und kahle Hochebene (* 虍 *) und bedeutet Leere. Das zweite (* 业 *) symbolisierte ursprünglich zwei Rücken an Rücken stehende Menschen (* 从 *) auf einem Plateau (* 一 *), von dem aus sie in alle Richtungen schauen konnten.*

11

三十輻共一轂。當其無有車之用。挻埴以爲器。
當其無有器之用。鑿戶牖以爲室。當其無有室之用
故有之以爲利。無之以爲用

NUTZEN, WAS NICHT IST

Dreißig Speichen laufen in einer Nabe zusammen;
Was nicht da ist, macht das Rad brauchbar.
Ton wird geformt und gehöhlt zum Topf;
Was nicht da ist, macht den Topf brauchbar.
Fenster und Türen bricht man heraus beim Bau des Zimmers;
Was nicht da ist, macht das Zimmer brauchbar.

Zieh also deinen Vorteil aus dem, was ist,
Indem du Gebrauch machst von dem, was nicht ist.

In natürlichen Geschehensabläufen ist das Tao jene entscheidende Komponente, die »nicht da« ist, die jedoch für den Prozeß der Veränderung unerläßlich ist. Die gleiche Rolle, die das fehlende Elektron bei der Auslösung atomarer Geschehensabläufe spielt, kommt dem Tao bei der Stimulierung natürlicher Abläufe zu. So wissen reife Menschen, wie Physiker in ihrem Laboratorium, daß es möglich ist, von dem, was nicht vorhanden ist, Gebrauch zu machen, um Geschehensabläufe in der Außenwelt zu gestalten. Um eine manifeste Wirkung hervorzurufen, entwickeln sie ein Gefühl für den Mangel, das Nichtvorhandensein, das die natürlichen Wirkkräfte aufzulösen gezwungen ist. Dieser geistige Zusammenschluß mit den Naturgesetzen erlaubt es den reifen Menschen, sich in der Welt erfolgreich zu behaupten und durchzusetzen.

DER GELBE KAISER HUANG TI

Huang Ti oder der Gelbe Kaiser ist die berühmteste der mythischen Herrschergestalten. Er regierte von 2698 bis 2598 v. Chr. und soll seinem Volk die Haustierzähmung sowie die Veredelung der Feldfrüchte beigebracht haben. Huang Ti entwickelte die früheste Form der chinesischen Schrift. Von größter Bedeutung ist seine Zusammenstellung des ersten medizinischen Handbuchs in chinesischer Sprache, des Huang Ti Nei King. *Huang Ti setzte bestimmte Krankheiten mit der allgemeinen körperlich-seelischen Verfassung in Beziehung. Er riet zur Durchführung vorbeugender medizinischer Maßnahmen und zur Überwachung der verschiedenen Körperpulse. Er glaubte, daß das übermäßige oder unzureichende Vorhandensein von sieben Emotionen sich schädigend auf den Körper auswirken kann. Es sind dies Freude, Ärger, Traurigkeit, Kummer, Nachdenklichkeit, Furcht und Schrecken. Das* Huang Ti Nei Ching *ist noch heute im Gebrauch und gilt als Bibel der chinesischen Medizin.*

Nationales Palastmuseum, Taipei, Taiwan

12

五色令人目盲。五音令人耳聾。五味令人口爽
馳騁畋獵令人心發狂。難得之貨令人行妨
是以聖人。爲腹不爲目。故去彼取此

DIE SINNE UNTER KONTROLLE HALTEN

Die fünf Farben blenden das Auge.
Die fünf Töne betäuben das Ohr.
Die fünf Würzen stumpfen den Gaumen ab.

Rennen und Jagen verstören das Herz.
Schwer erschwingliche Güter blockieren den Weg.

Darum tragen reife Menschen
Sorge für das Zentrum und nicht fürs Auge.
Sie verwerfen das eine und empfangen das andre.

Die Anhänger des Tao kontrollieren gewissenhaft die hereinkommenden Sinneswahrnehmungen und Informationen, um so ihre Einsicht zu verfeinern und sich einen ungetrübten Blick für die Dinge zu bewahren. Eine Kakophonie von Tönen, Bildern und Geruchs- bzw. Geschmacksreizen, verbunden mit einer hektischen, materiell orientierten Lebensweise, stünde der Charakterbildung und inneren Klarheit im Wege. Reife Menschen wissen, daß geistige Unabhängigkeit und soziale Autonomie aus der Kontrolle der Sinne hervorgehen. In einem der frühesten Kommentare zum *Tao Te King* schreibt Wang Pi (ca. 226–249) zu diesem Kapitel: »Das Zentrum nährt, indem es Materielles nach innen hineinnimmt. Das Auge versklavt, indem es die Aufmerksamkeit auf Materielles draußen lenkt. Reife Menschen kümmern sich daher nur wenig um das Auge.«
Um ins »Zentrum« vorzudringen – das heißt, das intuitive Bewußtsein zu vernehmen oder zu entwickeln –, schränken reife Menschen ihre Begierden ein. Sind die Begierden unter Kontrolle, beginnt das innere Wachstum. Frei von Begierden nach überflüssigen Besitztümern zu sein, frei von der Begierde nach Anerkennung oder der Angst vor Blamage, führt zu großer persönlicher Kraft. Wer heftige, unbeherrschte Begierden hat, dem stehen im Leben nur begrenzte Möglichkeiten offen; wer nur an wenigem hängt, kommt in seiner Erfahrung mit allem in Berührung.

Das Wort *Mitte* oder *Zentrum* entspricht dem chinesischen Schriftzeichen für »Bauch«; es bezeichnet generell »das, was innen ist, das innere Selbst«.

DAS SELBST ERWEITERN

Gunst wie Ungunst bergen Schrecken.
Ansehn und Angst werden dem Selbst gleichgesetzt.

Was besagt »Gunst wie Ungunst bergen Schrecken«?
Gunst erhöht; Ungunst erniedrigt.
Sie erlangen bringt Schrecken.
Sie verlieren bringt Schrecken.
Das besagt »Gunst wie Ungunst bergen Schrecken«.

Was besagt »Ansehn und Angst werden dem Selbst gleichgesetzt«?
Die Quelle unserer Angst
Ist unser Selbst.
Wenn wir selbstlos sind,
Wovor sich dann ängstigen?

Demnach: Wer die Welt als sein Selbst erachtet,
 Der wird sich der Welt widmen.
Wer die Welt als sein Selbst liebt,
 Dem wird man die Welt anvertrauen.

Heftige Begierden, die von äußeren Geschehensabläufen oder von den Launen und Urteilen anderer abhängen, lenken den Menschen von der Ausbildung persönlicher Kraft ab. Laotse weist darauf hin, daß man sowohl durch Gunst wie durch Ungunst zu einer fehlgeleiteten Identifikation genötigt wird: zur Identifikation mit dem Selbst. Indem man äußere Abhängigkeiten abbaut und emotionale Unabhängigkeit anstrebt, erreicht man ein Stadium, in dem die Intuition fein abgestimmt und die Instinkte authentisch sind. Dieses Stadium fördert die wahre Selbst-Liebe und das richtige Selbst-Verständnis. Wenn man innerlich Herr seiner selbst ist, wird man weniger egozentrisch, und das Identitätsempfinden fängt an, sich auf die umgebende Welt hin auszudehnen. Hat man einmal dieses erweiterte Bewußtsein erlangt, dann eröffnet sich eine Alternative: Man kann sich entweder mit der Welt und ihrer »Gunst und Ungunst« identifizieren und sich der Arbeit in ihr widmen; oder man kann sie in all ihren mannigfachen Erscheinungsformen lieben und anerkennen. Gereifte Menschen, die derart mitfühlend lieben, können die Welt führen und ihre Zukunft lenken.

13

若可寄天下。愛以身爲天下。若可託天下

及吾無身。吾有何患？故貴以身爲天下。

何謂貴大患若身？吾所以有大患者。爲吾有身。

寵爲上。寵爲下。得之若驚。失之若驚。是謂寵辱若驚

何謂寵辱若驚？

寵辱若驚。貴大患若身

DER INBEGRIFF DES TAO

Danach geschaut, doch nicht erblickt:
  Es heißt gestaltlos.
Darauf gehorcht, doch nicht erlauscht:
  Es heißt geräuschlos.
Danach gefaßt, doch nicht erlangt:
  Es heißt ungreifbar.

Diese drei kann der Verstand nicht scheiden,
So mischen sie sich und wirken als Eines.

Sein Aufgang ist nicht hell,
  Sein Untergang nicht dunkel.
Endlos strömt das Namenlose dahin,
Und kehrt ins Nichts zurück.

Darum nennt man es
  Die Form des Formlosen,
  Das Abbild des Wesenlosen.
Darum nennt man es schemenhaft, entgleitend.
  Wer ihm gegenübersteht, sieht nicht seinen Anfang.
  Wer ihm nachfolgt, sieht nicht sein Ende.

Halte fest am uralten Tao;
  Beherrsche und lenke die Dinge des Tags.
Sei dir des uralten Quellgrunds bewußt;
  Dies nennt man den Inbegriff des Tao.

In diesem Kapitel, einem der geheimnisvollsten im *Tao Te King,* deutet Laotse das Wesen des Tao an, indem er umreißt, was es nicht ist. Kenntnis vom Tao kann man nicht mit Hilfe der Sinne erlangen: Man kann es nicht sehen, hören oder anfassen. Es hat seinen Sitz im intuitiven Bewußtsein und kann nur über seine Auswirkung in der sozialen Lebenswelt wahrgenommen werden: in seiner Auswirkung auf Vorstellungen, Geschehensabläufe und gesellschaftlichen Wandel. Weltliche Geschehensabläufe ereignen sich in stets sich wiederholenden Zyklen, und Anhänger des Tao lernen, diese Zyklen einzusetzen. Sie »halten fest am uralten Tao«, indem sie Geschehensabläufe bis zu ihren eigentlichen Anfängen zurückverfolgen. Gleichzeitig spüren sie den Ursprüngen ihrer eigenen Existenz nach, um so das intuitive Erkenntnisvermögen zu aktivieren. Mit einem intuitiven Verstehen der dynamischen Grundstrukturen des Lebens kann das effektive Resultat von Geschehensabläufen erfaßt und die Realität verändert werden. Der Inbegriff des Tao besteht darin, daß ein Beobachter das Beobachtete durch den Akt taktischer Beobachtung sinnvoll entfalten kann.

14 ䷢

視之不見。名曰夷。聽之不聞。名曰希。搏之不得。名曰微
此三者不可致詰。故混而爲一
其上不皦。其下不昧。繩繩不可名。復歸於無物
是爲謂無狀之狀。
無物之象。是謂恍惚。迎之不見首。隨之不見後
執古之道。以御今之有。能知古始。是謂道紀

DIE KRAFT IM SUBTILEN WIRKEN

Die im uralten Tao wahrhaft Bewanderten:
Subtil ihr durchdringender Geist, unergründlich ihre Intuition.
So tief sind jene, daß sie unerkennbar bleiben.
Da sie unerkennbar bleiben,
Kann ihr Wirken mild im Zaum sich halten.

So behutsam!
    Als durchwateten sie einen Fluß im Winter.
So zaudernd!
    Als nähmen sie Rücksicht auf alle Glieder des Gemeinwesens.
So zurückhaltend!
    Als handelten sie wie ein Gast.
So nachgiebig!
    Als wären sie Eis, das gleich zerschmilzt.
So freimütig!
    Als handelten sie mit unverbildeter Schlichtheit.
So aufgeschlossen!
    Als wären sie wie ein Tal.
So undurchdringlich!
    Als wären sie wie schlammgetrübtes Wasser.

Wer kann harmonisch aufgehn in schlammgetrübtem Wasser
    Und Schritt für Schritt zur Klarheit vordringen?
Wer kann mit ruhiger Festigkeit sich regen
    Und Schritt für Schritt dem Leben Dauer bringen?

Jene, die das Tao bewahren,
    Begehren Fülle nicht für sich.
Freilich, weil ihnen Fülle mangelt,
    Können sie ausgeschöpft und erneuert werden zugleich.

In diesem Kapitel bezeichnet Laotse die Realität als »schlammgetrübtes Wasser« und verweist darauf, daß man, um einen Einblick in ihre sich entfaltende Einheit zu gewinnen, fähig sein muß, mit ihrer verborgenen Einheit und Einfachheit harmonisch übereinzustimmen. Überdies muß man, um diese Einsichten zur Steuerung der Realität auch einsetzen zu können, mit einer ruhigen Festigkeit vorgehen, die keinen äußeren Widerstand verursacht. Reife Menschen wissen: Je weniger offenkundig sie ihre Überlegenheit nutzen, desto wirksamer wird ihre Kraft. Deshalb sind sie bei der Anwendung ihrer Kraft zaudernd und zurückhaltend. Sie brauchen ihre Kraft, um Klarheit und Gemeinsamkeit in ihren Lebensbereich zu bringen. Innerhalb ihres sozialen Umfeldes agieren sie freimütig, aufgeschlossen und gemeinschaftsverbunden; sie funktionieren als Kanäle, nicht als Akkumulatoren, für Energie und Materie. Auf diese Weise werden sie immerzu mit dem Neuen und Lebenswichtigen aufgefüllt und entfalten unaufhörlich Einsicht und Kraft.

15

古之善爲道者。微妙玄通。
深不可識。夫唯不可識。故强爲之容
豫兮。若冬涉川。猶兮。若畏四鄰。儼兮。其若容。渙兮。
若冰之將釋。敦兮。其若樸。曠兮。其若谷。混兮。其若濁
孰能濁以靜之徐清？孰能安以久動之徐生？
保此道者。不欲盈。夫唯不盈。故能敝而新成

DAS ABSOLUTE KENNEN

Erreiche das höchste Offensein;
Bewahre den tiefsten Einklang.
Werde Teil von allen Dingen;
Auf diese Weise schau' ich die Zyklen.

Fürwahr, mannigfach sind die Dinge;
Aber jeder Zyklus geht ein in den Ursprung.
Ursprungs-Eingang heißt vollendeter Einklang;
Als Zyklus der Bestimmung ist er bekannt.

Der Zyklus der Bestimmung heißt das Absolute;
Das Absolute kennen heißt Einsicht.
Das Absolute nicht kennen
Bedeutet, leichtfertig Teil des Unglücks zu werden.

Das Absolute kennen bedeutet, duldsam zu sein.
Was duldsam ist, wird unparteiisch;
Was unparteiisch ist, wird krafterfüllt;
Was krafterfüllt ist, wird naturgemäß;
Was naturgemäß ist, wird eins mit dem Tao.

Was Tao hat, wird ewigwährend,
Bleibt unversehrt durchs ganze Leben.

In diesem Kapitel beschreibt Laotse den Ursprung des Tao – das Absolute – und gibt seiner Überzeugung Ausdruck, daß man tief über das Absolute nachsinnen muß, wenn man die Grundstrukturen des Tao und die Bestimmung des Universums, in dem es zur Wirkung kommt, zur Gänze begreifen will. Dieses Kapitel ist eine Übung des intuitiven Erkenntnisvermögens, in der das Bewußtsein bis an seine Grenzen erweitert und in enge Übereinstimmung mit dem Universum und dessen Streben nach Bewußtwerdung gebracht wird. Weltliche Erwartungen, Wunschvorstellungen und Fixierungen schwinden und werden durch Aufnahmefähigkeit, Offensein und Seinsverbundenheit ersetzt. Auf diese Weise kommt das Bewußtsein der Anhänger des Tao mit dem des Universums in Berührung. So lernen sie, die gesellschaftlichen Prozesse als eine Widerspiegelung der physikalischen Rhythmen und Zyklen des Universums zu begreifen; sie können die Lösung und den Ausgang von Konflikten voraussagen und eventuellen Gefahren ausweichen.

16

致虛極。守靜篤。萬物並作。吾以觀復

夫物芸芸。各復歸其根。

歸根曰靜。是謂復命

復命曰常。知常曰明。不知常。妄作凶

知常容。容乃公。公乃王。王乃天。天乃道

道乃久。沒身不殆

KOLLEKTIVES BEWUSSTSEIN

Das Schriftzeichen für kollektiv *(* 衆 *) besteht aus zwei Teilen. Im ersten Teil erfaßt ein Auge (* 罒 *) eine Menschengruppe (* 入 *) mit einem einzigen Blick und symbolisiert dadurch eine Versammlung. Der zweite Teil war ursprünglich die Zeichnung eines Bronzegefäßes (* 乑 *), das bei Opferungen gebraucht wurde, die der Förderung intuitiver Einsichten dienen sollten. Die zwei Komponenten des Schriftzeichens bezeichnen zusammengenommen Menschen, die durch eine gemeinsame Einsicht verbunden sind. Das darunterstehende Schriftzeichen ist noch einmal das Ideogramm für Menschen (* 人 *) und bedeutet hier Geistestätigkeit oder* Bewußtsein.

17

DER WEG SUBTILER EINFLUSSNAHME

Von überragenden Führern weiß man kaum, daß sie da sind;
Drunter stehen jene, die man liebt und verehrt;
Drunter jene, die man fürchtet;
Und drunter jene, die man verlacht.

Wem es an Glauben mangelt,
Dem wird man auch keinen Glauben schenken.
Aber kommt von fern das Geheiß,
Und ist dann die Tat vollbracht, das Ziel erreicht,
Dann sagen die Untergebenen: »Wir haben es naturgemäß getan.«

Subtile, unterschwellig wirksame Autorität ist der Psyche jener, die geführt werden sollen, ganz besonders angemessen. Wenn Führerpersönlichkeiten herrisch, anmaßend werden und sich in das Leben der ihnen Anvertrauten einmischen, dann wird die Führungsrolle unnatürlich. Aber wenn die Führer an sich halten und Zielsetzungen indirekt zum Tragen bringen – durch vertrauensvolles Delegieren und sorgfältig formulierte Anordnungen –, dann finden die Untergebenen Befriedigung in ihrer Arbeit und werden zudem produktiver. Durch Nichteinmischung sind reife Menschen fähig, hinter den Kulissen zu bleiben. Infolgedessen haben die Untergebenen den Eindruck, die Herrschaft selbst auszuüben, was wiederum einen Machtzuwachs für die Gereiften bedeutet. Je mehr sie ihre Macht verbergen, desto wirksamer kann sie gebraucht werden. Gereifte Führer sind unvoreingenommen, intuitiv und bestens informiert. Einfluß und Macht fallen ihnen zu, weil sie ihre Energie eher zum Lenken als zum Beherrschen verwenden.

Das Wort *naturgemäß (tzu jan)* kann wörtlich mit »wie von selbst« wiedergegeben werden. Es bezieht sich auf einen Vorgang, der sich ganz selbstverständlich ereignet. Im heutigen Sprachgebrauch bezieht sich *tzu jan* auch auf das Studium der Naturwissenschaften.

太上下知有之。其次親而譽之。其次畏之。其次侮之
信不足焉。有不信焉。
悠兮其貴言。功成事遂。百姓皆謂我自然

HARMONIE

Das Schriftzeichen für Harmonie *(和) besteht aus zwei Teilen. Der erste Teil (禾) symbolisierte ursprünglich eine Getreidepflanze ([illegible]). Der zweite Teil symbolisiert einen Mund (口). Zusammen ergeben sie den Sinn, daß Getreide angenehm mit Mund und Körper zusammenstimmt und so eine natürliche Harmonie hervorbringt.*

18

大道廢。有仁義。智慧出。有大僞
六親不和。有孝慈。
國家昏亂。有忠臣

VERLUST DER INSTINKTE

Gerät das große Tao in Vergessenheit,
 Zeigen sich Wohltätigkeit und Moral.
Greift kluges Planen um sich,
 Taucht auch große Heuchelei auf.

Zerbricht die Eintracht der Familie,
 Zeigen sich Ehrfurcht und Kindespflicht.
Wird die Nation vom Chaos zerrüttet,
 Tauchen treue Patrioten auf.

Die Anhänger des Tao sind der Überzeugung, daß die menschlichen Instinkte ihrem Wesen nach altruistisch und gut sind. Wenn die Menschen jedoch den Kontakt mit ihrer inneren Natur und dem Tao verlieren, dann werden Rechtschaffenheit und Loyalität auf den Plan gerufen, um für die eintretende Verschlechterung der sozialen Verhältnisse Abhilfe zu schaffen. Nur wenn eine Gesellschaft korrumpiert ist, wird die Moral zu einem zentralen Problem. Nur wenn die persönlichen Beziehungen unwahr geworden sind, reden die Menschen von Ehrfurcht und Kindespflicht. Und nur wenn eine Nation in sich gespalten ist, entsteht tatsächlich die patriotische Gesinnung. Laotse zufolge tut die in diesem Kapitel beschriebene Betonung der »Tugenden« den menschlichen Instinkten Gewalt an: Sie tötet die Spontaneität ab und nimmt den Menschen ihre emotionale Unabhängigkeit und ihr Empfinden für persönliche Kraft. Die Prediger der Moral sind vom wahren Weg abgekommen, und jene, die sich bei der Interpretation ihrer Erfahrungen auf von außen herangetragene Systeme verlassen, sind gleichfalls entwurzelt.

Das Wort *Familie* kann wörtlich mit »die sechs Beziehungen/Verhältnisse« wiedergegeben werden. Es sind dies die Beziehungen Elternteil–Kind, ältere Geschwister–jüngere Geschwister und Ehemann–Ehefrau; metaphorisch umfassen sie die Gesamtheit der sozialen Beziehungen.

Das Wort *Wohltätigkeit* entspricht dem chinesischen *jen*. Gelegentlich wird es mit »Menschlichkeit«, »Gemeinsinn« oder »Güte« übersetzt, aber keiner dieser Ausdrücke gibt die Praxis des *jen* genau wieder. *Jen* bezeichnet ein Sozialverhalten, das der Gesellschaft zu Fortschritt und Ordnung verhilft. Obwohl seine Grundtendenz positiv ist, war Laotse der Meinung, daß es sich leicht zur Zweckorientiertheit entwickeln und dadurch seinen Wert verlieren könnte.

REINHEIT

Reinheit (素) *leitet sich aus dem Schriftzeichen für rohe, naturbelassene Seide her. In seiner ursprünglichen Form (* 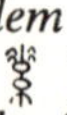 *) bildete das Ideogramm mehrere Fäden ab (*  *), wie man sie aus den Kokons der Seidenspinnerraupen (*  *) gewinnt, die man an den Zweigen des Maulbeerbaums (*  *) findet.*

19

RÜCKKEHR ZUR EINFACHHEIT

Gebt das Geheiligte auf, verwerft kluges Planen;
  Die Menschen werden hundertfach gewinnen.
Gebt die Wohltätigkeit auf, verwerft die Moral;
  Die Menschen werden die naturgemäße Liebe wiederfinden.
Gebt die Gewitztheit auf, verwerft die Erwerbssucht;
  Keine Diebe wird es mehr geben.

Ist dieser dreifache Rat jedoch unzulänglich,
So bleibt folgenden Grundsätzen treu:
Die Reinheit erfassen;
Die Einfachheit sich zu eigen machen;
Den Eigennutz verringern;
Die Wünsche einschränken.

絕聖棄智。民利百倍。絕仁棄義。民復孝慈。絕巧棄利。盜賊無有
此三者以爲文不足。故令有所屬。
見素抱樸。少私寡欲

Die Anhänger des Tao verlassen sich nicht auf zu erlernende soziale Techniken. Selbst Wohltätigkeit und Moral sind von außen auferlegte Strategien zivilisierten Verhaltens, die in Gesellschaften auftauchen, in denen nützliche Instinkte verlorengegangen sind und die Menschen einander nicht mehr trauen. Reife Menschen bemühen sich, intuitiv, spontan und einfach zu sein. Von dieser Basis aus bewegen sie sich leichter, gelangen sie weiter und überleben sie länger.
Führerpersönlichkeiten werden in diesem Kapitel angewiesen, ihre ethische Haltung als eine Form der Einflußnahme zu verwenden, um so ihre Untergebenen umzuformen. Wie gelingt dies? Erfasse und achte den reinen Sinn, wann immer er sich zeigt; lege weniger Nachdruck auf den Eigennutz; und schränke die Wünsche ein, indem du einzusehen lernst, daß sich das größte Glück im Leben in Augenblicken der lautersten Einfachheit einstellt.

Das im *Tao Te King* immer wieder vorkommende Wort *Einfachheit* entspricht dem chinesischen Wort *p'u*. Es wird heute mit »schlicht« oder »einfach« übersetzt; aber ursprünglich bezeichnete es Holz vor seiner Bearbeitung. Es läßt sich auch mit »unbehauener Klotz« übersetzen.

UNABHÄNGIGKEIT ENTFALTEN

Verwirf die graue Theorie; befrei dich von Ängsten.
Was unterscheidet denn Zustimmung von Kriecherei?
Was unterscheidet denn Gut von Böse?
Daß einer ehren soll, was andre ehren – wie unsinnig und unbedacht!

Das kollektive Bewußtsein gebärdet sich überschwenglich,
Als nähm' es ein großes Opfer entgegen,
Als erklömm' es einen lebenden Aussichtsturm.
Ich nur bleib' abseits, ungeteilt,
Wie ein Säugling, der noch nicht lächelt,
Ungebunden, heimatlos abgetrennt.
Das kollektive Bewußtsein ist allumfassend.
Ich nur scheine vergessen zu sein.
Bis ins Innerste unwissend bin ich und nebelhaft unklar!

Gewöhnliche Menschen sind hell und eindeutig;
Ich nur bin dunkel und verworren.
Gewöhnliche Menschen sind fordernd und schlau;
Ich nur bin schwerfällig und einfältig.

Unterschiedslos wie das Meer,
Unaufhörlich wie ein durchdringender Wind,
Ist das kollektive Bewußtsein immer zugegen.
Ich nur bleib' störrisch unbeugsam, halte mich fern.
Ich nur unterscheide mich von den andern:
Ich liebe die Kost, die von der Mutter kommt.

In der Rolle des vollendeten Taoisten fordert Laotse diejenigen, die tieferen Sinn im Leben suchen, dazu auf, die Menge hinter sich zu lassen – dogmatische Positionen aufzugeben und das Universum in geistiger Unabhängigkeit zu durchforschen. Um die eigene Mitte zu finden und zur vollen Entfaltung zu gelangen, muß man sich abseits von jeder Ideologie halten, ihr gegenüber ungebunden bleiben. Nicht über Worte stellt sich die Wahrheit des Wirklichen ein, sondern nur durch unmittelbares Erleben. Ob man nun die Wirklichkeit in einer Beziehung, in einem Staat oder einem Universum sucht, sie ist nur mit dem intuitiven Bewußtsein einsehbar.
Reife Menschen tragen nicht nur zum kollektiven Bewußtseinsstand der Menschheit bei, sondern sie benutzen ihre globale Perspektive (den »lebenden Aussichtsturm«), um das Tao (die Mutter) zu erfassen und die Richtung der Evolution zu ermitteln. Sie sind niemals eindeutig oder fordernd, weil sie sich im klaren sind, daß alle Extreme nur zum Zusammenbruch der Systeme und Individuen führen; und niemals fassen sie zur Gänze Tritt mit dem jeweiligen Zeitgeist, weil sie zugleich auch die Stimme der Zukunft vernehmen.

Der Begriff *kollektives Bewußtsein* kann auch mit »kollektives Menschsein«, »alle Menschen« oder »die Vielheit« wiedergegeben werden. Hier bezeichnet er eher das kollektive Unbewußte – eine beständige Quelle von Information, die sich »ohne Lernen« einstellt.

20

衆人皆有以。而我獨頑似鄙。我獨異於人。而貴食於母

我獨昏昏。俗人察察。我獨悶悶　澹兮其若海。飂兮若無止。

衆人皆有餘。而我獨若遺。我愚人之心也哉沌沌兮　俗人昭昭。

如登春臺。我獨泊兮其未兆。如嬰兒之未孩。儽儽兮若無所歸。

不可不畏人之所畏荒兮其未央哉　衆人熙熙。如享太牢。

絕學無憂。唯之與阿相去幾何？善之與惡相去何若？

LEBENSKRAFT

Im Schriftzeichen für Lebenskraft (精) *sind die Symbole für Reinheit und Wachstum verbunden, um Vitalität und Vervollkommnung anzudeuten. Das erste Symbol (米) zeigt Reiskörner (丷丶), die gedroschen und sortiert (十) und somit gereinigt worden sind. Es ist mit dem Symbol für Leben verknüpft, der Farbe Grün (青), das aus zwei Teilen besteht. Der erste ist das Ideogramm für eine aus der Erde sprießende Pflanze (龶), und der andere ist der alchimistische Herd (冃), in dem Materie veredelt und zur Quintessenz destilliert wird.*

21

DEN KOLLEKTIVEN URSPRUNG KENNEN

Der naturgemäße Ausdruck der Kraft
Kommt nur durch das Tao zustande.
Das Tao wirkt durch das Naturgesetz;
So gestaltlos, so ungreifbar.

Ungreifbar, gestaltlos!
In seinem Zentrum zeigt sich das Abbild.
Gestaltlos, ungreifbar!
In seinem Zentrum zeigt sich das Naturgesetz.
Trübverworren, geheimnisvoll!
In seinem Zentrum zeigt sich die Lebenskraft.
Die Lebenskraft ist überaus wirklich;
In ihrem Zentrum zeigt sich die Wahrheit.

Von ältesten Zeiten bis zur Gegenwart
Bleibt ihr Name immer gleich:
Durch das Erleben des kollektiven Ursprungs.

Woher weiß ich vom Walten des kollektiven Ursprungs?
Eben durch dies.

Wie die Wirkkraft eines starken Magneten kann das Tao nicht mit den Sinnen wahrgenommen werden, und es läßt sich nur durch seine Wirkung auf die Myriaden Dinge im Universum feststellen. Das Tao ist eine informationshaltige Wirkkraft. Es verleiht Menschen, die sich seiner bewußt sind, Kraft, da die kollektiv-unbewußten Impulse und sozialen Strebungen einer Kultur genau den physikalischen Gesetzen parallel laufen, die durch das Tao wirken. In philosophischer Hinsicht ist dies eines der wichtigsten Kapitel des *Tao Te King*. Es weist darauf hin, daß sich die Ursprünge des Tao durch ein Gedankenexperiment, ein intuitives Erleben der eigentlichen Anfänge aller Realität (des kollektiven Ursprungs) erahnen lassen. Reife Menschen sinnen nach über den ineinandergreifenden Zusammenhalt aller Materie und Energie – einen Zustand, jenem ähnlich, der dem Urknall vorausging. Dann gehen sie noch weiter zurück und kommen zur Identifikation mit dem Absoluten – einem schöpferischen Zustand, der außerhalb von Raum und Zeit existiert und beständig damit befaßt ist, Wirklichkeiten wie ebendiese hervorzubringen.

Der Begriff *Lebenskraft (ching)* kann auch mit »Wesenskern« oder »Geist« wiedergegeben werden. Im heutigen Chinesisch ist *ching* auch das Wort für Samen.

孔德之容。惟道是從。道之爲物。惟恍惟惚。惚兮恍兮。其中有象。
恍兮惚兮。其中有物。窈兮冥兮。其中有精。其精甚眞。其中有信
自古及今。其名不去。以閱衆甫。吾何以知衆甫之狀哉？以此

DEM GRUNDMUSTER FOLGEN

Was halb ist, wird ganz;
    Was krumm ist, wird gerade.
Was tief ist, wird gefüllt;
    Was verbraucht ist, wird erneuert.
Was gering ist, mehrt sich;
    Was zuviel ist, bringt Verwirrung.

Reife Menschen halten sich an das Tao
Und betrachten die Welt als ihr Vorbild.

Sie stellen sich nicht zur Schau;
    Deshalb werden sie ins Licht gerückt.
Sie behaupten ihr Selbst nicht;
    Deshalb werden sie ausgezeichnet.
Sie machen keinen Anspruch geltend;
    Deshalb machen sie sich verdient.
Sie rühmen sich nicht;
    Deshalb steigen sie im Rang.
Fürwahr, weil sie mit niemandem sich messen,
Kann die Welt sich mit ihnen nicht messen.

Jene uralten Worte: »Was halb ist, wird ganz« –
    Sind es leere Worte?
Um ganz zu werden,
    Kehr dich nach innen.

Laotse erkannte klar, daß sich viele der physikalischen Naturgesetze in den sozialen Beziehungen widerspiegeln. Er sah ein Grundmuster des Wandels, das unabhängig von den Bewegungen des Sonnensystems ist; es wird nicht durch den Ablauf der Zeit gelenkt, sondern vielmehr durch Ursache und Wirkung. Die Zielsetzung der Taoisten liegt in der Steuerung des Zusammenspiels von Ursache und Wirkung; sie steuern und transzendieren es durch Ausgleich und Harmonie mit dem sozialen Umfeld. Reife Menschen halten einen offenkundigen und aggressiven Versuch, Macht und gesellschaftlichen Rang zu gewinnen, für eine gefährliche Handlung, die eine unkontrollierbare Wirkung zur Folge haben könnte. Sie realisieren ihre Absichten, indem sie ihre persönliche Kraft festigen – sie wenden die Energie, die universalem Bewußtsein und persönlicher Vervollkommnung entspringt, eher nach innen, als daß sie sie für äußere Erscheinungen verausgaben würden. So entwickeln sie geistige Schwerkraft – eine machtvolle soziale Wirkungskomponente. In sozialen Beziehungen, genau wie im gesamten physikalischen Universum auch, ist der Ablauf der Dinge unauflöslich damit verknüpft, wie diese Schwerkraft unter alle Beteiligten verteilt ist.

22 ䷸

古之所謂曲則全者。豈虛言哉?誠全而。歸之
夫唯不爭。故天下莫能與之爭
不自伐。故有功。不自矜。故長
不自見。故明。不自是。故彰。
是以聖人抱一。爲天下式
曲則全。枉則直。窪則盈。敝則新。少則得。多則惑

DIE STETIGE WIRKKRAFT DER HALTUNG

Selten spricht die Natur.
So dauert der Wirbelsturm keinen ganzen Morgen,
Und der jähe Sturzregen dauert keinen ganzen Tag.
Wer verursacht diese?
Himmel und Erde.
Wenn Himmel und Erde ihnen keine große Dauer verleihen können,
Wieviel weniger können dies dann die Menschen?

Folglich: Wer dem Tao sich widmet,
Wird eins mit dem Tao.
Wer der Kraft sich widmet,
Wird eins mit der Kraft.
Wer dem Versäumnis sich widmet,
Wird eins mit dem Versäumnis.

Wer eins wird mit dem Tao,
Den umfängt seinerseits willig das Tao.
Wer eins wird mit der Kraft,
Den umfängt ihrerseits willig die Kraft.
Wer eins wird mit dem Versäumnis,
Den umfängt seinerseits willig das Versäumnis.

Wem es an Glauben mangelt,
Dem wird man auch keinen Glauben schenken.

Ein aggressives Drauflossteuern aufs eigene Ziel ist, wie Wirbelstürme und Wolkenbrüche, nicht von dauerhafter Wirkung. Heftige Aktionen kann man nicht aufrechterhalten, und letztlich rufen sie Reaktionen hervor, die ihre Wirkkraft neutralisieren. So spricht die Natur selten, und wenn sie es tut, dann zeigt sich darin nur die Ausnahme, die die Regel bestätigt: Stetige Umformung ist die grundlegende Wirkkraft in der Natur. Die Anhänger des Tao wissen, daß hitzige Konfrontationen keine langfristigen Ergebnisse bringen. Nur Haltungen, die sich auf Dauer aufrechterhalten lassen, haben die Kraft, die Wirklichkeit zu verändern.
Die Kraft, von der in diesem Kapitel beziehungsweise im ganzen *Tao Te King* die Rede ist, ist die Macht über die eigene stetig fortschreitende Lebenswirklichkeit. Persönliche Kraft verleiht dem Leben des einzelnen Unabhängigkeit und Freiheit, und sie wird durch Haltung und innere Gestaltung beständig weiter ausgeformt. Woran einer glaubt, dazu wird er. Je mehr »Geist« einer beim Glauben investiert, desto tiefgreifender wird die Umwandlung. Macht über andere hingegen ist eine schleichende Form der Versklavung.

23

希言自然。故飄風不終朝。
驟雨不終日。孰爲此者？
天地。天地尚不能久。而況於人乎？
故從事於道者。同於道。德者。同於德。失者。同於失
同於道者。道亦樂得之。同於德者。德亦樂得之。
同於失者。失亦樂得之 信不足焉。有不信焉

NATURGESETZ

Das Schriftzeichen für Naturgesetz (物) *bezeichnet auch die Materie und besteht aus dem Bildkürzel eines von hinten gesehenen Ochsen, mit seinem Kopf, den Hörnern, zwei Beinen und dem Schwanz (牜). Es ist mit einem zweiten Schriftzeichen verknüpft, das lediglich der lautlichen Modifikation dient (勿). In frühgeschichtlichen Zeiten war der Ochse das wertvollste Besitzstück, weil sein Vorhandensein das Überleben seines Besitzers sicherte.*

24

企者不立。跨者不行。自見者不明。自是者不彰。自伐者無功。自矜者不長其在道也。曰餘食贅行。物或惡之。故有道者不處

GEFÄHRDUNG DURCH ÜBERMASS

Wer auf Zehenspitzen steht, kann nicht sicher stehen.
Wer gespreizte Schritte macht, kann nicht vorankommen.
Wer sich zur Schau stellt, kann nicht ins Licht rücken.
Wer sein Selbst behauptet, kann sich keinen Namen machen.
Wer Ansprüche erhebt, kann sich kein Verdienst erwerben.
Wer sich rühmt, kann im Rang nicht steigen.

Wer ans Tao sich hält,
Den mutet all dies wie Übermaß an im Essen und Handeln;
Es ist für ihn unvereinbar mit dem Naturgesetz.
Wer also erfüllt ist vom Tao, wendet sich fort.

Menschen, die sich auf Zehenspitzen stellen, um gesehen zu werden, die heuchlerisch sind und gespreizte Schritte machen oder sich ihrer Leistungen rühmen, werden durch negative Gegenreaktionen zu Fall kommen. Dazu kommt es aufgrund einer natürlichen Gruppenpsychologie, die sich gegen einzelne ausgleichend durchzusetzen sucht, denen es darum geht, Geschehensabläufe zu manipulieren. Reife Menschen erkennen genau die Gefahr hemmungslos eigennützigen, selbstherrlichen Verhaltens innerhalb einer Gruppe. Übermaß und Überfluß gelten ihnen als Anzeichen einer unausgeglichenen, labilen Situation. Da sie die physikalischen Naturgesetze verstehen, sind sie sich im klaren, daß jede Unmäßigkeit raschen Verfall nach sich zieht. Daher entfernen sie sich stillschweigend. Sie geben soziale Bindungen auf, weil sie den Reichtum der Einfachheit entdeckt haben.

DAS TAO DER GRÖSSE

Es gibt etwas, das war im Zustand der Verschmelzung
Noch vor des Himmels, der Erde Geburt.

Schweigend, unermeßlich,
    Eigenständig und unwandelbar;
Unermüdlich, überall wirksam;
    Als Mutter der Welt darf es wohl gelten.
Ich weiß seinen Namen nicht;
    Das Wort, das ich wähle, ist Tao.
Weil ich's denn nennen muß,
    Nenn' ich es groß.

Groß heißt ewig strömend.
Ewig strömend heißt weit reichend.
Weit reichend heißt wiederkehrend.

Daher ist das Tao groß.
Himmel und Erde sind groß.
Ein Führer ist gleichermaßen groß.
Im Universum gibt es vier Größen,
Und Führerschaft ist eine davon.

Menschenwesen sind der Erde nachgebildet.
    Die Erde ist dem Himmel nachgebildet.
Der Himmel ist dem Tao nachgebildet.
    Das Tao ist der Natur nachgebildet.

Die ersten zwei Zeilen dieses Kapitels umreißen die taoistische Auffassung der Phase unmittelbar nach dem Anfang des Universums, als das Tao zu existieren begann, aber alle Materie und Energie noch eine einzige fest zusammenhängende, undifferenzierte Masse bildete. Vertreter der theoretischen Physik, die im Innersten des Universums nach einer singulären Wechselwirkung oder einem einheitlichen Kraftfeld forschen, würden dieses Stadium wohl mit jenem, das Sekunden vor dem Urknall existierte, gleichsetzen. Im ersten Tausendmillionstel einer Sekunde nach dem Einsetzen des Urknalls traten die vier Wirkkräfte auf (Gravitation, starke nukleare Kraft, Elektromagnetismus, schwache nukleare Kraft); gleichzeitig differenzierten sich Energie, Materie, Zeit und Raum. Den Wirkungszusammenhang der physikalischen Kräfte innerhalb des gesamten Universums sowie innerhalb der sozialen Interaktionsfelder menschlicher Wesen nennt Laotse das Tao.

Der Ausdruck *groß* in diesem Kapitel bezeichnet das Tao und seine zyklischen Bewegungen durch die Realität. Weil es weit reicht, kehrt es wieder – das heißt, wenn genügend Zeit gegeben ist, beginnt der historische Kreislauf von vorn. Die Bewegungen des Tao erfolgen nach den Gesetzen der physikalischen Wirkkräfte, und das Kraftpotential *(Te)* des Taoismus liegt in der Wahrnehmung und dem Verstehen der Manifestationen dieser Gesetze im sozialen Bereich. Gereifte Führer nehmen das Tao in der Evolution der Gesellschaft intuitiv wahr und sind so fähig, die von ihnen Geführten zu Harmonie und Sinnerfüllung zu geleiten.

25

有物混成。先天地生

寂兮寥兮。獨立而不改。周行而不殆。

可以爲天下母。吾不知其名。字之曰道。强爲之名。曰大

大曰逝。逝曰遠。遠曰反

故道大。天大地大。王亦大。域中有四大。而王居其一焉

人法地。地法天。天法道。道法自然

DER KAISER CH'IEN LUNG

Ch'ien Lung (1710–1799), der Enkel des überragenden Kaisers K'ang Hsi, war der Prototyp des gebildeten kultivierten Herrschers. Als Kind zeigte er so bemerkenswerte Begabung und Intelligenz, daß sein Großvater beschloß, dem frühreifen Jungen zu gegebener Zeit den Thron zu überantworten. Er erfuhr eine gründliche Ausbildung in den schönen Künsten, der Literatur, der Reitkunst, dem Bogenschießen und den kriegerischen Disziplinen der Strategie und Taktik. 1735, mit vierundzwanzig Jahren, wurde Ch'ien Lung zum Kaiser proklamiert.

Die ersten zehn Jahre seiner Regierungszeit wurden zu einer Abfolge innerer Kriege, die schließlich zur Ruhe kamen. Während der nächsten fünfzig Jahre herrschten Frieden und wirtschaftlicher Aufschwung im Reich, und die Bevölkerung verdoppelte sich auf fast 200 Millionen. Ch'ien Lung konzentrierte sich auf Chinas kulturelle Entfaltung. Er ließ die bestehende Literatur nach allen für die Nachwelt erhaltenswerten Werken durchforschen und gab einen beschreibenden Katalog der Kaiserlichen Bibliothek in Auftrag, der nicht nur die Geschichte jedes Werkes, sondern auch eine detaillierte philologische Kritik desselben enthielt. Nach sechzig erfolgreichen Jahren der Macht dankte Ch'ien Lung zugunsten seines Sohnes ab.

Metropolitan Museum of Art, New York

26

重爲輕根。靜爲躁君
是以聖人終日行。不離輜重。雖有榮觀。燕處超然。
奈何萬乘之主。而以身輕天下？輕則失根。躁則失君

DIE KRAFT DES SCHWEREN

Das Schwere ist das Fundament des Leichten.
Die Stille ist der Herr der Unrast.

So können reife Menschen den ganzen Tag lang reisen,
Ohne ihr Gepäck liegenzulassen.
Wie fesselnd auch die Aussicht sein mag,
Sie bleiben ruhig und ungebunden.
Wie können Führer mit zehntausend Wagen
Unbeschwert ihren Rang behaupten in der Welt?

Sind sie unbeschwert, verlieren sie ihr Fundament.
Sind sie voll Unrast, verlieren sie ihre Herrschaft.

Es ist Aufgabe gereifter Führerpersönlichkeiten, ein ruhiges Zentrum zu schaffen, das ihrer Organisation als Fundament dient. Trotz der anregenden Ablenkungen auf ihrem Weg müssen sie ihre Gelassenheit und ihren Sinn für das Zweckmäßige bewahren. Sie lassen es nicht zu, daß sie von ihrem »Gepäck« getrennt werden, und halten so ihren Rang durch Ernsthaftigkeit aufrecht. Das Bild von den »zehntausend Wagen« bedeutete im alten China ein unvorstellbar gewaltiges Kraftpotential, womöglich in der Dimension der heutigen Kernkraft. Laotse glaubte, daß Führer mit einer solchen Macht eine beängstigende Verantwortung haben und sich weder Unbeschwertheit noch Unrast leisten können.

Der Ausdruck *Gepäck* kann auch mit »beladener Karren« oder »Gepäckwagen« wiedergegeben werden und ist eine Metapher für Schwere oder Ernsthaftigkeit.

DER GESCHICKTE AUSTAUSCH VON INFORMATION

Ein guter Pfad hat keine Spuren.
Eine gute Rede hat keine Schwachstellen.
Eine gute Berechnung benutzt keine Schablonen.

Ein gutes Schloß hat weder Sperre noch Riegel,
    Und doch kann niemand es aufschließen.
Ein guter Knoten engt nicht ein,
    Und doch kann niemand ihn lösen.

So sind reife Menschen immer gute Bewahrer der andern;
    Folglich wird keiner vergeudet.
Sie sind immer gute Bewahrer der Dinge;
    Folglich wird keines vergeudet.

Das wird Verdoppeln des Lichtes genannt.

Deshalb ist ein Guter der Lehrer des Schlechten;
    Und ein Schlechter ist der Stoff für den Guten.
Wer den Lehrer nicht hochhält oder den Stoff nicht schätzt,
    Geht, mag er auch klug sein, grob in die Irre.

Das wird der wesentliche Sinn genannt.

Wenn die Menschen gewaltsam und manipulativ die Ereignisse beeinflussen wollen, beschreiten sie einen Pfad, der schon ausgetreten ist, gebrauchen sie eine Logik, die in sich selber brüchig ist, führen sie ihre Berechnungen auf der Grundlage von Schablonen und Mutmaßungen durch. Genau wie gute Knoten und Schlösser Dinge ohne übermäßige Gewaltsamkeit unter Verschluß halten können, werden bestimmte Zwecke am besten ohne die Anwendung auffälliger Mittel erreicht. Im Weltgeschehen stützen sich die wirksamsten und weitreichendsten Systeme auf Spontaneität, Kreativität und ein intuitives Erfassen der menschlichen Natur und der sozialen Bedürfnisse.
Reife Menschen bringen ihre Mitmenschen und die Dinge geschickt zum Einsatz und verbreiten so das Licht: die Information, mit der sich der Kurs der Evolution steuern läßt. Auf diese Weise wird der Geschickte zum Lehrer. Es entsteht eine symbiotische Beziehung, die die wechselseitige Abhängigkeit zwischen allen Seinsstufen innerhalb des Universums widerspiegelt: zwischen Energie und Materie, Proton und Elektron, Zeit und Raum. Der Ungeschickte (oder Ungebildete) benötigt für seine Vervollkommnung und sein Wachstum ein Verhaltensmodell, nach dem er sich richten kann. Ein Lehrer gewinnt Energie, Scharfblick und Einsicht, indem er als derartiges Modell fungiert. Durch die Annahme der für sie jeweils geeigneten Werte werden sie beide umgewandelt und gelangen zu Harmonie und Übereinstimmung mit dem Tao.

Das Wort *Schablonen,* gelegentlich mit »Rechenstäbchen« oder »Kerbhölzer« wiedergegeben, geht eigentlich auf eine in der Orakelpraxis benutzte Bambusvorrichtung zurück. In heutigem Sprachgebrauch ließe sich der Ausdruck auch mit »Strategie« oder »Planung« wiedergeben.

27

善行無轍亦。善言無瑕謫。善數不用籌策
善閉無關楗。而不可開。善結無繩約。而不可解
是以聖人。常善救人。
故無棄人。常善救物。故無棄物　是謂襲明
故善人者不善人之師。不善人者善人之資。
不貴其師不愛其資。雖智大迷　是謂要妙

DIE WIRKKRÄFTE EINEN

Kenne das Männliche,
Wahre das Weibliche;
Werde zum Strom der Welt.
Bist du der Strom der Welt,
Entflieht die Kraft niemals.
Rückkehr zum Kindsein ist dies.

Kenne das Helle,
Wahre das Dunkle;
Werde zum Leitbild der Welt.
Wirst du zum Leitbild der Welt,
Schwindet die Kraft niemals.
Rückkehr zum Unbegrenzten ist dies.

Kenne den Ruhm,
Wahre die Verborgenheit;
Werde zum Tal der Welt.
Bist du das Tal der Welt,
Hat die Kraft ihr genaues Maß.
Rückkehr zur Einfachheit ist dies.

Wenn das Einfache zerlegt wird,
Macht man Werkzeuge daraus.
Reife Menschen, die sie gebrauchen,
Macht man zu Führern.
Auf diese Weise wird das große System vereinigt.

Unerschütterliche Kraft wird reifen Menschen gewährt, die imstande sind, die Fähigkeiten von sonst getrennt agierenden Individuen auf eine kollektive Unternehmung hin auszurichten. Genau wie Zisternen Wasser sammeln, werden Führer zu Sammelbekken für den Austausch von Kraft und Information. Sie sind sich bewußt, wie labil und brüchig aggressives und allzu offenkundiges Verhalten ist. Um ihre Position nicht zu gefährden, sind sie eher passiv, unaufdringlich und bescheiden.
Die vier physikalischen Wirkkräfte im Universum sind ebenjene, die die Materie zusammenhalten (Gravitation, starke nukleare Kraft, schwache nukleare Kraft und Elektromagnetismus). Nach taoistischer Auffassung werden Führerpersönlichkeiten, die diese Wirkkräfte nachahmen, indem sie Menschen miteinander verbinden und die Gesellschaft in ihrer Entwicklung voranbringen, mit der Macht begabt, die Wirklichkeit zu verändern. In diesem Kapitel gebraucht Laotse die Bilder des Kindseins, des Unbegrenzten und der Einfachheit, um das intuitive Erfassen des großen Systems zu umschreiben: jenes homogenen Feldes aus Materie und Energie, wie es vor den Anfängen des uns bekannten Universums existierte. Dies zu wissen, heißt das Tao begreifen.

28

知其雄。守其雌。爲天下谿。爲天下谿。常德不離。復歸於嬰兒
知其白。守其黑。爲天下式。爲天下式。常德不忒。復歸於無極
知其榮。守其辱。爲天下谷。
爲天下谷。常德乃足。復歸於樸
樸散。則爲器。聖人用之。
則爲官長。故大制不割

KAISER YAO

Der Kaiser Yao (gest. 2258 v. Chr.) ist einer der großen mythischen Kaiser Chinas. 2357 v. Chr. bestieg er den Thron und bereiste sein Reich in regelmäßigen Abständen, um überall nach dem Rechten zu sehen. Noch heute verbindet man Zufriedenheit und soziale Stabilität mit dem Gedanken an seine Regentschaft. Bei seinem Rückzug aus dem Herrscheramt entschloß er sich, seinen untauglichen Sohn Tan Chu zu übergehen und zugunsten eines begabten Bauern namens Shun abzudanken; damit schuf er den Präzedenzfall für die Weitergabe des Thrones an einen, der seiner würdig war.

Kaiser Yao hatte ein sehr ausgeprägtes Verständnis für die Bedeutsamkeit der Führerschaft und war überzeugt, daß eine gefestigte soziale Ordnung auf Grundstrukturen des Universums beruhte, um deren Erfassung und Beschreibung er sich intensiv bemühte. Er machte Aufzeichnungen über astronomische Beobachtungen – die Mondzyklen und die Umlaufzeit der Planeten – und erstellte einen Kalender mit 360 Tagen und vier Jahreszeiten. So schreibt man ihm zu, seinem Volk beigebracht zu haben, die Landwirtschaft nach dem Prinzip der Aussaat des Saatguts zur jeweils passenden Jahreszeit zu organisieren.

Nationales Palastmuseum, Taipei, Taiwan

29

DER WEG DER NICHTEINMISCHUNG

Wer die Welt an sich reißen und auf sie einwirken will,
Kommt, wie ich sehe, niemals ans Ziel.

Die Welt ist ein geheimnisvolles Werkzeug,
Zur Handhabe nicht geschaffen.
Wer auf sie einwirkt, zerstört sie.
Wer sie ergreift, verliert sie.

So entspricht's dem Naturgesetz:
Manche führen, manche folgen;
Manche verschaffen sich Gehör, manche verhalten sich still;
Manche sind stark, manche sind schwach;
Manche machen weiter, manche verlieren den Mut.

Reife Menschen meiden demnach
Das Extreme,
Das Verstiegene,
Das Übermaß.

Im Innern aller Systeme verbirgt sich eine natürliche Geometrie: Kristalle entstehen, und Zellen teilen sich nach einer streng mathematischen Ordnung. So ist das Eingreifen in den naturgemäßen Status von Menschen oder Prozessen ein vergebliches und oft tragisches Unterfangen. Reife Menschen beobachten und verstehen diesen naturgemäßen Status im Bereich sozialer Systeme und nehmen dementsprechend ihre Position ein. Stets befinden sie sich mit den elementaren Tendenzen der sozialen Evolution in Übereinstimmung. Die Wirkkraft ihrer Überzeugungen bringen sie durch einen Zustand konzentrierter innerer Bewußtheit zur Anwendung, während sie nach außen strategische Nichteinmischung praktizieren. Den Anhängern des Tao widerstrebt es, Dinge bis zum Extrem voranzutreiben, selbst wenn dieses Extrem zur Zufriedenheit ausfallen sollte, denn sie wissen, daß dies zu unerwünschten Gegenreaktionen führen kann. Statt dessen bemühen sie sich, ihr geistiges Gleichgewicht aufrechtzuerhalten, indem sie in emotionaler Unabhängigkeit die Rhythmen natürlicher Prozesse nachvollziehen.

將欲取天下而爲之。吾見其不得已
天下神器。不可爲也。
爲者敗之。執者失之
故物。或行或隨。或歔或吹。
或强或羸。或載或隳
是以聖人。去甚。去奢。去泰

DEN FÜHRER FÜHREN

Wer das Tao anwendet, um die Führer zu leiten,
Gebraucht keine gewaltsamen Strategien gegenüber der Welt.
Dergleichen schlüge nur auf ihn zurück.

Wo Armeen standen
Sprießt das Dorngestrüpp.
Großem Kriegsvolk folgen immer Hungerjahre.

Wer seine Sache versteht,
Läßt im Sieg ab vom Sieg.
Er wagt nicht, auszuharren bei der Gewalt.

Er siegt und rühmt sich nicht.
Er siegt und macht keinen Anspruch geltend.
Er siegt und ist nicht stolz darauf.
Er siegt und gewinnt nicht im Übermaß.
Er siegt und erzwingt nicht.

Zu groß Gewordenes fällt stets dem Niedergang anheim.
Das ist nicht das Tao.
Was nicht das Tao ist, stirbt früh.

Organisationen, die Angriff mit Verteidigung, Aggression mit Schutz verwechseln, erschöpfen unweigerlich ihre Reserven und führen ihre Mitglieder in Zeiten des Hungers. Organisationen haben eine große Schwungkraft und wissen nicht, wie sie ihre Vorwärtsbewegung bremsen können. Deswegen sind die, die die Führer beraten, dafür verantwortlich, die Organisation vor dem Übermaß zurückzuhalten, das zum Zusammenbruch führt. Wer gewaltsame Strategien gegen andere Organisationen entwirft, ist zur Beratung von Führern ungeeignet, da das Wesen seiner Arbeit – so notwendig diese sein mag – seine geistige Fähigkeit einschränkt, die Evolution der Gesellschaft (das Tao) zu begreifen. Reife Menschen wissen, daß es möglich ist, den Sieg zu erringen, ohne zugleich den Keim zur Selbstzerstörung zu legen. Deshalb sind sie nicht aggressiv und nicht gewinnsüchtig. Nur Persönlichkeiten mit solchen Charakterzügen sind dazu geeignet, den Führer einer Organisation zu beraten.

30

以道佐人主者。不以兵强天下。其事好還
師之所處。荊棘生焉。大軍之後必有凶年
善者。果而已。不敢以取强
果而勿矜。果而勿伐。果而勿驕。
果而不得已。果而勿强
物壯則老。是謂不道。不道早已

DIE ANWENDUNG DER GEWALT

Die vorzüglichsten Waffen können Werkzeuge des Verhängnisses sein
Und so im Widerspruch stehn zum Naturgesetz.
Wer vom Tao erfüllt ist, kehrt sich ab davon.
Reife Führer bevorzugen die Linke und halten sie in Ehren;
Wer Waffen gebraucht, hält die Rechte in Ehren.

Waffen sind Werkzeuge des Verhängnisses,
    Die von den Unreifen gebraucht werden.
Ist ihr Gebrauch denn unvermeidlich,
    So handeln die Erhabenen mit ruhiger Zurückhaltung.

Laß selbst im Sieg keine Freude aufkommen,
    Denn solche Freude führt zum Sichabfinden mit dem Gemetzel.
Wer sich abfindet mit dem Gemetzel,
    Kann in der Welt Erfüllung nicht finden.

In diesem Kapitel wird die Anwendung von Gewalt zur Veränderung des Geschehens in der Welt als gelegentlich notwendiges Übel betrachtet. Die »vorzüglichste Waffe« könnte zum Beispiel eine schlagkräftige Armee sein, sie kann auch etwas so Subtiles sein wie ein scharfer Intellekt oder eine raffinierte Strategie – doch sobald sie zur Gewaltausübung über einen anderen angewendet wird, ist sie »im Widerspruch zum Naturgesetz«. Es wird dann zu einer verhängnisvollen Gegenreaktion kommen.
Wenn die Anwendung von Gewalt unvermeidlich ist, dann gehen reife Führer mit Zurückhaltung vor. Überdies wissen sie, daß Gewalt die persönliche Macht nur in dem Ausmaß vergrößert, in dem man ihre Anwendung bedauert. Ist der Sieg einmal errungen, gestatten sie sich selbst kein Gefühl der Freude; statt dessen drücken sie Bedauern aus. Ihre Haltung wirkt sich nachhaltig auf ihre Organisation aus, und demzufolge werden interne Konflikte gleichermaßen als betrübliche Vorkommnisse betrachtet. Deshalb kann eine bedauernde Haltung, die die Führer in Zeiten äußerer Gewalt an den Tag legen, einen beruhigenden und friedlich stimmenden Einfluß auf die inneren Angelegenheiten der Organisation ausüben.

Der Ausdruck *die Linke* bezieht sich auf die linke Hand – die Hand, die sich nur äußerst widerstrebend zum Handeln ausstreckt. Mit der rechten Hand assoziiert man Stärke und selbstbewußtes Vorgehen. Wang Pi (ca. 226–249), einer der ersten Kommentatoren des *Tao Te King,* ist auf diesen Vers in einem Passus eingegangen, der häufig dem vorliegenden Kapitel hinzugefügt wurde:

> Zur Linken bringen Unternehmungen Glück.
>   Zur Rechten bringen Unternehmungen Unglück.
> Der Unterfeldherr steht zur Linken;
>   Der Oberfeldherr steht zur Rechten –
> Will sagen, sie stellen sich auf wie zur Trauerfeier.
>
> Die Ermordung vieler,
>   Laßt sie uns beweinen in tief empfundenem Gram.
> Einen Sieg in der Schlacht,
>   Laßt ihn uns empfangen mit Trauerriten.

31

則不可得志於天下矣

夫樂殺人者。

勝而不美。而美之者是樂殺人。

兵者不祥之器。非君子之器。不得已而用之。恬淡爲上

君子居則貴左。用兵則貴右

夫佳兵者不祥之器。物或惡之。故有道者不處。

EINFACHHEIT

Der erste Teil des Schriftzeichens für Einfachheit (樸) *ist das Bildkürzel für Baum (木), mit Stamm (丨), Ästen (一) und Wurzeln (ノ丶). Daran schließt sich das Ideogramm für das Sammeln von Holz zu einem Bündel (菐), das in seiner älteren Variante (𦍒) aus Händen (𠬞), die Zweige und Äste (丵) sammeln, zusammengesetzt war.*

32

DIE GRENZEN DER SPEZIALISIERUNG

Das Tao des Absoluten hat keinen Namen.
Obgleich verschwindend klein in seiner Einfachheit,
Kann die Welt es doch nicht meistern.

Wenn die Führer daran festhielten,
Folgten naturgemäß alle Dinge nach.
Himmel und Erde vermählten sich, um süßen Tau zu regnen,
Und ohne Geheiß wirkten die Menschen naturgemäß zusammen.

Namen tauchen auf, wenn Institutionen beginnen.
Wenn Namen auftauchen, so wisset einzuhalten.
Den Zeitpunkt des Einhaltens zu wissen, heißt frei sein von Gefahr.

Die Gegenwart des Tao in der Welt
Ist wie das Wasser des Tals, das Flüsse und Meere verbindet.

In diesem Kapitel rät Laotse den Führern, sich von der Kompliziertheit abzuwenden und der Einfachheit zuzukehren – sich eher auf das Allumfassende als auf die Differenzierung zuzubewegen. Wieder spornt er die Führer an zu lernen, wann es an der Zeit ist, innezuhalten und Nichteinmischung zu üben. Führer, die auf rigorose Systeme und Rollenverteilungen in ihren Organisationen Wert legen, können keine natürliche aufgelockerte Atmosphäre für die Erfüllung von Aufgaben schaffen, da die Struktur, die ihnen vorschwebt, für Maschinen, nicht für menschliche Wesen geeignet ist. Wenn man Menschen in Rollen zwängt und jeden Aspekt ihrer Arbeit definiert, schränken sich ihre Möglichkeiten ein, sind sie nicht mehr kreativ und entwickeln sich nicht weiter. Wenn Führer jedes einzelne Element in ihrer Organisation systematisch festlegen, dann hindern sie diese an jeder möglichen Weiterentwicklung. Genau wie sich hochspezialisierte Lebensformen auf ihren Untergang zubewegen, führt dieser Weg zum Untergang der Organisation. Bei einer flexiblen Führung hingegen gibt es für die Beteiligten keinen Grund, sich zu widersetzen oder Aversionen aufzubauen. Sie werden aus freien Stücken kooperativ, da sich ihre Aufmerksamkeit eher auf das Ziel als auf die Mittel verlagert.

Der Ausdruck *süßer Tau* geht auf den chinesischen Mythos zurück, demzufolge der Morgentau wie Honig schmeckt, wenn in einem Königreich vollkommener Friede herrscht.

道常無名。樸雖小。天下莫能臣也　侯王若能守之。萬物將自賓。
天地相合以降甘露。民莫之令而自均　始制有名。名亦既有夫亦將知止。
知止可以不殆　譬道之在天下。猶川谷之於江海

EINSICHT

Einsicht (明) *zu haben heißt, den Glanz der Sonne (⊙) zu haben – das Symbol für Sonne wurde später von seiner modernen Variante abgelöst (日) – sowie die Klarheit des Mondes (月), der ursprünglich als Mondsichel (☽) symbolisiert wurde.*

33

SICH SELBST BEZWINGEN

Wer andere kennt, ist klug;
    Wer sich selber kennt, hat Einsicht.
Wer andere bezwingt, hat Gewalt;
    Wer sich selbst bezwingt, hat Stärke.

Wer weiß, was genug ist, ist reich.
    Wer unbeirrbar ist, hat die Richtung.
Wer seinen Platz behauptet, hat Bestand.
    Und wer stirbt und doch nicht vergeht, der lebt.

Selbsterkenntnis und Selbstbezwingung sind die grundlegenden taoistischen Vervollkommnungen. Man erlangt sie durch Ausformung des inneren Bewußtseins, Verfeinerung der Instinkte und intuitives Reagieren auf die Welt. Das Ergebnis ist Einsicht: die Fähigkeit, die tiefgreifenden Einflüsse hinter spezifischen Phänomenen wahrzunehmen. Das innere Bewußtsein zu kennen und seine Verbindung mit dem sich entfaltenden Bewußtsein des Universums wahrzunehmen bildet die Grundlage für Voraussicht und dauernde Einflußnahme. Dank des inneren Wissens entwickelt man die Fähigkeit, die Welt durch kleine, mühelose Eingriffe unmittelbar beim Entstehen von Geschehensabläufen zu verändern. Es ist unbedingt erforderlich, zwischen taktisch-kluger Gewalt und einsichtsvoller Stärke zu unterscheiden, denn nur die letztere wird keinem Widerstand begegnen oder Gegenreaktionen verursachen. »Wer stirbt und doch nicht vergeht«, ist ebenjener, der die Dinge der Welt in einem entwickelteren Zustand zurückläßt, als er sie angetroffen hat.

知人者智。自知者明。勝人者有力。自勝者强
知足者富。强行者有志。
不失其所者久。死而不亡者壽

ALLE DINGE

Die Schriftzeichen für alle Dinge (萬物) *können wörtlich mit »zehntausend Dinge« übersetzt werden. Das Schriftzeichen für zehntausend (* 萬 *) bedeutet ursprünglich »Myriade«/»Unzahl« und war das Piktogramm eines Skorpions (*  *), der sich, wie die meisten Insekten, stark vermehrt. Daran schließt sich das Schriftzeichen für Materie (* 物 *), das sich von der Zeichnung eines Ochsen herleitet (*  *), dem wichtigsten Besitz im frühen China. Die zehntausend Dinge bezeichnen die Gesamtheit alles Seienden.*

34

DAS SICH ENTFALTENDE TAO

Das Große Tao erstreckt sich überallhin.
Zur Linken ist es und zur Rechten.

Alle Dinge hängen in ihrem Gedeihen von ihm ab,
Und es verweigert ihnen nichts.
Es vollbringt seinen Zweck,
Und es hat keinen Namen.
Es kleidet und befördert alle Dinge,
Und es tritt nicht auf als ihr Herr.

Immer ohne Begehren:
Gering mag man's drum nennen.
Alle Dinge verschmelzen mit ihm,
Und es tritt nicht auf als ihr Herr.
Groß mag man es nennen.

Schließlich sucht es nicht Größe:
Dergestalt wird das Große vollbracht.

Diesem Kapitel zufolge ist das Tao eine Kraft, die alle Materie und Energie entfaltet. Es tut dies spontan und natürlich, ohne Beweggrund oder Besitzanspruch. Die Anhänger des Tao entfalten ihr soziales Umfeld auf gleiche Weise. Instinktiv und geschickt lösen sie die Knoten, glätten sie das Gewebe des Lebens und verhelfen sie den Bedürfnissen ihrer Mitmenschen nach Wachstum, Kreativität und Unabhängigkeit zur Erfüllung. Die Menschen fühlen sich hingezogen zu inspirierenden Personen, die es der Größe (dem Tao) ermöglichen, durch sie zu wirken. Laotse war der Überzeugung, daß diejenigen, die das Verhalten des Tao nachahmen, in vollkommene Übereinstimmung und Harmonie mit der aktuellen Realität und dem wahren Lebenssinn versetzt werden. Ein Leben, das in seinen Zielsetzungen teilhat am Zweck des Universums, hat auch teil an seiner Größe und Bedeutung.

大道氾兮。其可左右
萬物恃之而生。而不辭。功成。不名有。
衣養萬物。而不爲主
常無欲。可名於小。萬物歸焉。而不爲主。
可名爲大
以其終不自爲大。故能成其大

GROSSES BILD

Der Begriff groß (大) *wird durch das Bildzeichen eines Menschen symbolisiert, der die Arme bis zum Äußersten ausgestreckt hat. An dieses Schriftzeichen schließt sich das Ideogramm für* Bild (象), *die Abwandlung der primitiven Zeichnung eines Elefanten* (豕); *sie zeigt den Rüssel* (⺈), *die Stoßzähne* (冖) *und den Rumpf mit Beinen und Schwanz* (豕). *Aufgrund seiner enormen Größe und einprägsamen Gestalt ist ein Elefant das Symbol für Bild.*

35

DAS NICHTWAHRNEHMBARE GEWAHREN

Halte fest am großen Bild,
Und die ganze Welt stellt sich ein.
Stellt sich ein und bringt doch kein Leid,
Nur Frieden und Ordnung.

Wird Musik samt gutem Essen dargeboten,
Dann verweilen die Gäste.
Wird jedoch dem Tao Ausdruck verliehen,
Scheint es ohne Gehalt, ohne Würze.

Wir halten Ausschau, und nichts ist zu sehen.
Wir lauschen, und nichts ist zu vernehmen.
Wir machen Gebrauch davon, und es erschöpft sich nie.

Dieses Kapitel beschreibt eine Denkweise (oder Denkübung), die zu einem Bewußtwerden des Zusammenhangs und der wechselseitigen Abhängigkeit aller Dinge führt. Laotse warnt davor, daß das Nachdenken über das Tao einem womöglich langweilig oder schwierig vorkommen wird, da seine Wahrnehmung nicht über die Sinne erfolgt. Aber er verspricht zugleich, daß ein Bewußtsein des Zusammenhalts im Universum – des großen Bildes – dem Betrachter ein reiches und machtvolles Verständnis verleihen wird. Der Schlüssel zur taoistischen Sehweise liegt im Erleben dieser inneren Empfindung der Zusammengehörigkeit und völligen Eingebundenheit in das soziale und vitale Umfeld, während man zugleich wirkungsvoll seine Funktionen in der Welt erfüllt. Ein solches Leben ist in überragender Weise sinnvoll zu nennen.

視之不足見。聽之不足聞。用之不足既
樂與餌。過客止。道之出口。淡乎其無味
執大象。天下往。往而不害。安平太

KAISER T'AI TSU AUS DER SUNG-DYNASTIE

Chao K'uang-yin, bekannter als Kaiser T'ai Tsu, gründete die Sung-Dynastie und herrschte in China von 960 bis 976. Aus altem Beamtengeschlecht stammend, stieg T'ai Tsu zur Position eines Generals auf. Weil er im Ruf stand, seine Amtsgewalt nie ungerecht zu mißbrauchen, orientierten sich seine Untergebenen in den Anfangswirren des neuen Reiches an seiner Führergestalt. Um die vom Krieg zerrissene Nation wieder zu einen, hielt er das Militär streng unter Kontrolle und löste die anstehenden Probleme statt dessen auf diplomatischem Weg. Seine Beamten wählte er aus dem Gelehrtenstand aus, und seinen Offizieren schärfte er die Notwendigkeit intensiven Studiums ein. T'ai Tsu machte seine Gouverneure ihm gegenüber unmittelbar verantwortlich, und in der Schlacht befahl er, Massenmord und Plünderung von Eigentum strikt zu unterlassen. Von Natur aus genügsam, verbot Kaiser T'ai Tsu in seiner Administration übermäßigen Luxus; das Reich, so erklärte er, sei ein großes Gut, das er nur treuhänderisch verwalte. Folgerichtig wurde die Betrachtung der Naturschönheit zum Hauptthema der Kunst während der ganzen Sung-Dynastie. Nach 15 segensreichen Regierungsjahren dankte er zugunsten seines Bruders T'ai Tsung ab.

Nationales Palastmuseum, Tapei, Taiwan

36

DIE ÜBERLEGENHEIT VERBERGEN

Will man es schmälern,
Muß man es gründlich erweitern.
Will man es schwächen,
Muß man es gründlich stärken.
Will man es verwerfen,
Muß man es gründlich fördern.
Will man es mindern,
Muß man es gründlich mehren.

Dies nennt man subtile Einsicht.
Das Nachgiebige kann das Starre besiegen;
Das Schwache kann das Starke besiegen.
Fische soll man nicht dem tiefen Wasser entnehmen;
Organisationen sollen ihre Überlegenheit nicht zeigen.

Organisationen mit der höchsten strategischen Überlegenheit sind ebenjene mit dem größten Potential für ihren Niedergang. Wenn eine Organisation zu groß geworden ist, wenn sie selbstgefällig Lob und Förderung, Geschenke und überreiche Gewinne hinnimmt, wenn sie selbst glaubt, nur immer noch stärker zu werden – dann genau ist sie am verwundbarsten. Innerhalb des natürlichen Zyklus der Polarität ist sie instabil geworden und befindet sich auf einem Weg, der zu ihrem entgegengesetzten Zustand überleitet. Weil dem Wasser entnommene »Fische« nicht überleben können, sollten Organisationen ihre Überlegenheit weder zeigen noch ausspielen. Verhaltene Überlegenheit ist wirkungsvoller und von größerer Dauer als jene, die zur Schau gestellt wird, weil verborgene Vorzüge keine Widerstände oder Gegenreaktionen verursachen. Zugleich enthält dieses Kapitel Anweisungen für kleinere Organisationen, wie sie größere überwinden können. Das der »subtilen Einsicht« zugrundeliegende Prinzip wird im *Tao Te King* häufig wiederholt: Der Schwache kann den Starken überwinden, indem er nachgibt und zur Übermäßigkeit des Starken beiträgt. Übermäßigkeit läßt den Samen keimen, der die Dinge dazu zwingt, sich in ihr Gegenteil zu verkehren.

將欲歛之。必固張之。將欲弱之。必固强之。將欲廢之。
必固興之。將欲奪之。必固與之
是謂微明。柔勝剛。弱勝强。魚不可脫於淵。國之利器不可以示人

FÜHRER

In seiner ursprünglichen Form war das Schriftzeichen für Führer (王) *ein Ideogramm dreier Jadeperlen (⁝), die auf einen Faden aufgereiht sind (ǀ). Da sich nur eine reiche und mächtige Person den Besitz solcher Steine leisten konnte, wurde das Ideogramm gleichbedeutend mit dem Wort für Herrscher. Neueren ideographischen Beschreibungen zufolge bildet das Schriftzeichen eine aufrecht stehende Person ab (|), die mit der Kraft ausgestattet ist, die Sphären des Himmels (⁻), der Erde (_) und der Menschen (–) zu vereinen.*

37

道常無爲。而無不爲
侯王若能守之。萬物將自化。
化而欲作。吾將鎮之以無名之樸。
無名之樸夫亦將無欲。不欲以靜
天下將自定

DIE KRAFT IN DER WUNSCHLOSIGKEIT

Das Tao ist ganz ohne Tun
Und ist doch niemals tatenlos.

Vermögen Führer, an ihm festzuhalten,
Werden alle Dinge naturgemäß beeinflußt.
Sie wären beeinflußt, doch noch des Tuns begierig –
So stillt' ich sie mit namenloser Einfachheit.
Namenlose Einfachheit ist ohne Begehren;
Und ohne Begehren herrscht Einklang.

Die Welt kommt dann auf natürliche Weise ins Lot.

Laotse war überzeugt, daß jene die besten Führer sind, deren geistige und emotionale Stärke eher im Lenken als im Herrschen liegt. Reife Führer verwenden ihre ganze Energie darauf, den Weg zu weisen, und sie mischen sich nicht ins Leben ihrer Gefolgschaft ein. So wird diese naturgemäß beeinflußt, ohne Widerstand, Unwillen oder Gegenreaktion. Wird keine Gefolgschaft geleistet, so deswegen, weil sich der Führer in Gegenbewegung zu den Prinzipien der menschlichen Natur und zur Richtung der sozialen Evolution befindet. Solche Führer bringen der Welt nur Chaos.
Führer, die bei der Lenkung anderer am Tao festhalten, fördern beständig ihr eigenes inneres Wachstum. Um sich selbst mit den Tendenzen in der Gesellschaft und der Dynamik in der Natur (dem Tao) in Einklang zu bringen, praktizieren sie Einfachheit in Leben und Werk. Auf diese Weise vermeiden sie das entartete geistige und emotionale Wachstum, zu dem es bei jeder Fixierung auf materielle Besitztümer oder selbstverherrlichende Gesellschaftssysteme kommt. Weil sie sich von belanglosen und irreleitenden Begierden frei machen, gewinnen sie Einsichten, die allem, mit dem sie in Berührung kommen, Harmonie und Stabilität bringen.

ABSICHTSLOSE KRAFT

Überragende Kraft ist niemals mächtig, drum hat sie Macht.
Mindere Kraft ist immer mächtig, drum hat sie keine Macht.
Überragende Kraft wird nicht tätig, und was sie tut, geschieht absichtslos.
Mindere Kraft wird tätig, und was sie tut, geschieht mit Absicht.

Überragende Wohltätigkeit wird tätig, und was sie tut, geschieht absichtslos.
Überragende Moral wird tätig, und was sie tut, geschieht mit Absicht.
Überragender Anstand wird tätig, und findet er keinen Widerhall,
So hebt er den Arm und zwingt sich den Dingen auf.

Daher: Verliere das Tao, und die Kraft tritt an seine Stelle.
Verliere die Kraft, und Wohltätigkeit tritt an ihre Stelle.
Verliere die Wohltätigkeit, und die Moral tritt an ihre Stelle.
Verliere die Moral, und der Anstand tritt an ihre Stelle.

Hat einer Anstand, so hat er die Tünche der Wahrheit,
Und führt doch nur in die Verwirrung.
Kennt einer die Zukunft, so hat er den Schimmer des Tao,
Und weiß doch von seinen Ursprüngen gar nichts.

Daher: Wer die größte Ausdauer hat,
Kann ins Wesentliche vordringen,
Ohne bei seiner Tünche sich aufzuhalten;
Kann ins Wirkliche vordringen,
Ohne bei seinem Schimmer sich aufzuhalten.

Folglich verwirft er das eine und nimmt das andre an.

Entfaltete Kraft ist unwiderstehlich, da sie auf Wesentlichkeit und Wirklichkeit beruht und frei von Absicht ist. Macht, die zu Gewalt degeneriert ist, bringt komplexe Strategien und Manipulationen mit sich, da sie auf bloßem Anschein und Täuschung beruht. Laotse war überzeugt, daß die Moral eine Erfindung von Führern ist, die die Wahrheit nicht in sich selber finden können und deswegen außerstande sind, anderen ein angemessenes Verhalten zuzutrauen. Anstand aber schien dem freisinnigen Laotse sogar noch gefährlicher – dieses Benehmen, dessen Einhaltung Lernen, ein gutes Gedächtnis und gelegentliche Heuchelei erfordert. Er war überzeugt, daß der Anstand die an sich reinen und guten Instinkte der Menschen mit Absichten und Zwecken verfälschen würde.

Das Wort *Anstand (li)* bezieht sich auf die Zeremonien, Rituale und sozialen Formen einer Kultur. *Li* gibt den aktuellen sozialen Verhaltenskodex an.

38

上德不德是以有德。下德不失德是以無德。上德無爲而無以爲。
下德爲之而有以爲　上仁爲之而無以爲。
上義爲之而有以爲。上禮爲之而莫之應。則攘臂而扔之
故失道而後德。失德而後仁。失仁而後義。失義而後禮
夫禮者忠信之薄。而亂之首。前識者道之華。而愚之始
是以大丈夫。處其厚。不居其薄。處其實。不居其華。故去彼取此

EINSSEIN IN DER FÜHRUNG

Von alters her können diese im Einklang sein mit dem Einen:

Der Himmel im Einklang mit dem Einen wird klar.
Die Erde im Einklang mit dem Einen wird fest.
Der Geist im Einklang mit dem Einen wird erleuchtet.
Die Täler im Einklang mit dem Einen werden voll.
Alle Dinge im Einklang mit dem Einen werden schöpferisch.
Die Führer im Einklang mit dem Einen werden unbestechlich in der Welt.
Dies wurde kraft des Einsseins erlangt.

Der Himmel ohne Klarheit würde wohl bersten.
Die Erde ohne Festigkeit würde wohl beben.
Der Geist ohne Erleuchtung würde wohl schlummern.
Die Täler ohne Fülle würden wohl verdorren.
Alle Dinge ohne das Schöpferische würden wohl hinsterben.
Führer ohne Unbestechlichkeit würden wohl straucheln und fallen.

Fürwahr, die Hochgestellten stammen von den Niederen;
    Die Erhabenen fußen auf den Gemeinen.
Darum auch nennen die Führer sich selbst
    Einsam, verwaist und unwürdig.
Tun sie's nicht, weil sie von den Niederen und Gemeinen stammen?
    Warum sonst?

Darum erlangt Ehre, ohne geehrt zu werden.
Begehrt nicht, zu gleißen wie Jade; den Schmuck tragt, als wäre er Stein.

Der in diesem Kapitel beschriebene Zustand des Einsseins besteht in einer engverbundenen Harmonie zwischen dem Einen und dem Vielen. Dies ist eine zentrale taoistische Denkübung: die Interdependenz und die rhythmischen Wechselwirkungen zwischen aller Materie und Energie im Universum zu verspüren. Ob diese Materie und Energie sich nun zu einem Sonnensystem oder einer Familie verbunden haben, zu laichendem Lachs oder zerfallendem Plutonium – sofern sie gleichzeitig existieren, befinden sie sich in wechselseitiger Abhängigkeit. Eben in den Verkettungen zwischen den universalen Phänomenen kann die Wahrheit des Seins geistig erfaßt werden.
Auf der Führungsebene besagt dies Kapitel, daß Führer in sich selbst ein Empfinden der Identifikation mit ihren Untergebenen entwickeln müssen, die dies ihrerseits empfinden müssen. Reife Führer sind sich im klaren, daß ihre Stellung auf jenen beruht, die unter ihnen stehen. Durch Einfachheit bewahren sie ihren Rang und bleiben mit den Rangniederen in Verbindung. Nach dem äußerlichen Gepränge von Ehre und Ansehen haben sie kein Verlangen, da dergleichen nur trennend wirkt und das Empfinden des Einsseins mit ihren Untergebenen blockieren könnte. Reife Führer sind nicht korrumpierbar, weil sie sich in vollständiger Identifikation mit jenen befinden, denen sie dienen, und die Bedürfnisse ihrer Untergebenen für ihre eigenen halten.

此非以賤爲本邪？非乎？故致譽無譽。不欲琭琭如玉珞珞如石

高以下爲基。是以侯王自謂。孤寡不轂。

萬物無以生將恐滅。侯王無以貞將恐蹶　故貴以賤爲本。

地無以寧將恐發。神無以靈將恐歇。谷無以盈將恐竭。

萬物得一以生。侯王得一以爲天下貞　其致之　天無以清將恐裂。

昔之得一者　天得一以清。地得一以寧。神得一以靈。谷得一以盈。

POLARITÄT

Das Schriftzeichen für Polarität (反) *besteht aus zwei Teilen. Der erste* (厂) *symbolisiert Bewegung. Der zweite Teil ist ein Bildkürzel für die Hand* (又). *Zusammen stellen sie die Drehbewegung oder das Sich-Umwenden einer Hand dar. Dieses Schriftzeichen wird auch mit »Umkehr« oder »Rückkehr« übersetzt.*

40

反者道之動。弱者道之用。
天下萬物生於有。
有生於無

DER WEG

Polarität ist die Bewegung des Tao.
Empfänglichkeit ist die Art, es zu gebrauchen.
Die Welt und alle Dinge gingen hervor aus seinem Sein.
Sein Sein ging hervor aus dem Nichtsein.

Nach Laotse ging das Tao aus dem Nichtsein – dem Absoluten – hervor. Das Tao seinerseits brachte die positiven und negativen Zustände *Yin* und *Yang* hervor. Diese Ladungszustände gingen die verschiedensten Verbindungen ein und brachten die Gesamtheit der physikalischen Realität hervor, deren spezifische Dynamik und Struktur auf einem einheitlichen Kräftefeld basiert. Diese Kräfte oder physikalischen Gesetze spiegeln die Wirkungen des Tao wider. Das Tao wirkt durch Polarität, ein physikalisches Gesetz, das Ursache und Wirkung regelt. Im sozialen Bereich manifestiert es sich in Gegensatzpaaren wie einfach und schwierig oder aktiv und passiv. Das Gesetz der Polarität verändert und entwickelt alle Dinge, indem es auch die Gegensätze in Bewegung bringt. Extreme haben eine zu hohe Ladung und beginnen, sich allmählich in ihr Gegenteil zu verkehren. Die Anhänger des Tao üben sich in Mäßigung und Empfänglichkeit. Sie gewinnen Kraft, indem sie ihre Bewegung den vorherrschenden Wirkkräften angleichen.

Das Wort *Polarität* kann auch mit »Wiederkehr«, »Rückkehr« oder »Umkehr« übersetzt werden. Im *Tao Te King* wird es verwendet, um ein im Universum wirksames physikalisches Hauptgesetz zu umschreiben.

DAS PARADOXE MEISTERN

Wenn überragende Führer vom Tao hören,
Versuchen sie, es gewissenhaft auszuüben.
Wenn durchschnittliche Führer vom Tao hören,
Scheinen sie sich seiner bewußt und auch nicht bewußt zu sein.
Wenn mindere Führer vom Tao hören,
Brüllen sie vor Lachen.

Ohne ausreichendes Gelächter könnt' es das Tao nicht sein;
Drum auch die althergebrachten Worte:

Das erleuchtete Tao scheint verdunkelt zu sein;
Das voranschreitende Tao scheint zurückzuweichen;
Das geebnete Tao scheint holprig zu sein.

Überragende Kraft scheint niedrig zu sein;
Große Klarheit scheint befleckt zu sein;
Beträchtliche Kraft scheint unzureichend zu sein;
Festgegründete Kraft scheint erschlichen zu sein;
Wahre Kraft scheint gefälscht zu sein.

Das größte Geviert hat keine Ecken;
Die größten Talente werden langsam gemeistert;
Die größte Musik hat den leisesten Klang;
Das große Bildnis hat keine Gestalt.

Das Tao ist verborgen und namenlos,
Doch ist es das Tao, das kunstvoll alles erhält und vollendet.

Die unermüdlichen Anhänger des Tao blicken hinter die gegenwärtige Realität und versuchen, die Keime des Wandels auszumachen. Sie haben volles Vertrauen in die physikalischen Gesetze, die zeigen, daß die gesamte Realität sich in einem Prozeß des Wandels befindet und alle Prozesse sich zyklisch auf ihren Gegensatz zubewegen: das Leben zum Tod, das Positive zum Negativen, die Energie zur Materie – und wieder in umgekehrter Richtung. Weil sie das Gesetz der Polarität zu sehen und begreifen lernen, gewinnen sie außerordentliche Einsicht in den Lauf der Welt.
Reife Menschen wissen, daß es gefährlich sein kann, mit anderen, die nicht intuitiv sind, zusammenzuarbeiten: Diese lassen sich nämlich ausschließlich von der jeweils aktuellen oberflächlichen Erscheinung der Dinge leiten, ohne deren Wandel zu erkennen. Intuitionslosen Handlungen und Erscheinungen mangelt es an Augenmaß und Tiefgang, und, was schlimmer ist, sie können aufgrund fehlender Sensibilität den natürlichen Prozeß des Wandels stören und gefährliche Gegenreaktionen auslösen. Reife Menschen suchen solche Personen aus, die Intuition und visionäres Vorstellungsvermögen besitzen – eine Form der Intelligenz, die von der Kultivierung der Instinkte, der Beobachtung der allgemeinen Tendenz des Wandels und dem Verständnis für die Evolution von Ideen herrührt.

41

䷨

道隱無名。夫唯道善貸且成

大方無隅。大器晚成。大音希聲。大象無形

上德若谷。大白若辱。廣德若不足。建德若偷。質德若渝

不笑不足以爲道。故建言有之　明道若昧。進道若退。夷道若纇

若存若亡。下士聞道。大笑之

上士聞道。勤而行之。中士聞道。

DIE POLARITÄT KENNEN

Das Tao erzeugte die Eins.
Die Eins erzeugte die Zwei.
Die Zwei erzeugte die Drei.
Die Drei erzeugte alle Dinge.

Alle Dinge tragen das Yin und halten sich an das Yang.
Deren harmonisch gemischter Einfluß bringt Einklang.

Verhaßt ist den Menschen, einsam, verwaist, unwürdig zu sein.
Und dennoch zeichnen Führer mit diesen Namen.

So verhält sich's nach dem Gesetz der Natur:
Manche gewinnen, indem sie verlieren.
Manche verlieren, indem sie gewinnen.

Was andre schon lehrten, lehre auch ich:
Der Gewalttätige stirbt keines natürlichen Todes.
Dies mach' ich zum Angelpunkt meiner Lehre.

Von Laotses Beschreibungen der Entstehung des Universums ist dies die eindringlichste und lapidarste. Allerdings läßt er in diesem Kapitel das Absolute, das das Tao erzeugte, ausgeklammert. Das Absolute steht außerhalb von Raum und Zeit – außerhalb des Universums, das es hervorbringt. Das Tao erzeugte die Eins: die raumzeitliche Wirklichkeit. Die Eins erzeugte die Zwei: die entgegengesetzten Ladungen des Positiven und Negativen *(Yin* und *Yang).* Die Zwei erzeugte die Drei: Materie, Energie und die physikalischen Gesetze, die sie miteinander verbinden. Aus diesen drei ging die Existenz aller Dinge im Universum hervor. Alle Dinge sind untereinander verknüpft und wechselseitig voneinander abhängig; dieser Vorstellung entspricht dann die Dynamik der Polarität: Wenn sich etwas vergrößert, verringert sich etwas anderes. Reife Führer, die fortbestehen wollen, erhöhen sich deshalb selber nicht; und wer sein Leben nicht mutwillig verkürzen will, ist niemals gewalttätig.

LAOTSE,
AUF EINEM BÜFFEL REITEND

Nationales Palastmuseum, Taipei, Taiwan

42

道生一。一生二。二生三。三生萬物
萬物負陰而抱陽。沖氣以爲和
人之所惡唯孤寡不轂。而王公以爲稱
故物。或損之而益。或益之而損
人之所教我亦教之。
强梁者不得其死。吾將以爲教父

SUBTILITÄT

Dem Schriftzeichen für Subtilität *(* 玄 *) liegt ein Bildzusammenhang zugrunde, der das Eintauchen von Garn in eine dunkelgrüne oder schwarze Farblauge beschreibt. Das ursprüngliche Ideogramm (* 玄 *) zeigte von zwei Kokons (* 幺 *) abgewickeltes Seidengarn. Dieses Garn wurde aus dem gleichen Grund in einen Färbbottich gelegt, aus dem ein Sämling (* 丶 *) seine Wurzeln (* 人 *) in die Erde senkt: zum Vollzug einer Wandlung. Dieses Schriftzeichen wird auch mit »geheimnisvoll« oder »tiefgründig« übersetzt.*

43

SUBTILE KRÄFTE

Die biegsamsten Teile der Welt
Überwinden die starrsten Teile der Welt.
Das Hauchzarte kann unaufhörlich eindringen.

Deshalb weiß ich, Nutzen erwächst ohne Handeln.

Diese Philosophie ohne Worte,
Dieser Nutzen ohne Handeln –
Selten, daß man sie in dieser Welt erlangt.

Laotse war der Überzeugung, daß die meisten Schwierigkeiten im Leben aus Reaktionen auf größere Wirkungen entstehen und daß Probleme dazu tendieren, sich von selbst zu lösen, wenn man ihnen nicht mit Aggression begegnet und sie dadurch zur Fortdauer herausfordert. Laotse erkannte intuitiv: Wenn es unerläßlich ist, zu handeln, zeitigt der leichteste, subtilste Kraftaufwand – genau wie beim Steuern eines großen Schiffes mit einem kleinen Ruder – das wirkungsvollste Ergebnis, das nicht eine neue Serie von Problemen mit sich bringt. Für den einzelnen ist Nichteinmischung eine Form der Freiheit; und ebendiese kann Menschen, die den Mut haben, sie zu praktizieren, Kraft verleihen.

不言之教。無爲之益。天下希及之
吾是以知無爲之有益
天下之至柔。馳騁天下之至堅。無有入無間

LAOTSE

Nationales Palastmuseum, Taipei, Taiwan

44

DIE KRAFT IN DER GENÜGSAMKEIT

Was ist teurer,
Name oder Leben?
Was gilt mehr,
Leben oder Reichtum?
Was ist schlimmer,
Gewinn oder Verlust?

Je heftiger die Neigungen,
Um so größer der Aufwand.
Je umfangreicher das Gehortete,
Um so schwerer der Verlust.

Wisse, was genug ist;
Sei ohne Schande.
Wisse, wann innezuhalten ist;
Sei ohne Bedrohung.

Dergestalt währt man sehr lange Zeit.

Nach taoistischer Ansicht haben materialistisch eingestellte Menschen – die sich mit ihren Besitztümern identifizieren – keinen wirklichen Zweck im Universum, außer dem, Materie von einem Ort zum anderen zu bewegen und Lebensformen zu reproduzieren, die letztlich keine Möglichkeit zur geistigen Evolution in sich bergen. Materialistisch eingestellte Menschen können sich selbst geistig nicht entwickeln, weil ihre Vorliebe für das Anhäufen materieller Güter das Bewußtsein darauf trainiert, die Realität als unveränderlich und nichtfließend aufzufassen. Diese Auffassung harmoniert mit dem Sterben, nicht mit dem Wachstum, und so können sie nicht mit dem umgreifenden, den subjektiven Denkhorizont transzendierenden Sinn in Verbindung treten.
Die Anhänger des Tao sind sich darüber im klaren, daß sie in einer machtvolleren Position sind, wenn sie beweglich, mit nichts belastet und unabhängig sind. Nach taoistischer Auffassung ist Übermaß an Besitztümern wie Ballast zu behandeln: Er wird abgeworfen, um größere Bewegungsfreiheit zu gewinnen. Genau wie Luft in ein Vakuum einströmt, um es aufzufüllen, werden mehr Dinge in ein solches Leben dringen, es durchziehen. Und das wichtigste: Die Fähigkeit, sich mit wenigerem zu begnügen und die Dinge weiterzugeben, bringt reife Menschen sich selbst und dem unaufhörlichen Sichentfalten der Wirklichkeit näher – was sich in dieser Welt als überlegen erweist.

知足。不辱。知止。不殆 可以長久
是故甚愛。必大費。多藏。必厚亡
名與身孰親？身與貨孰多？得與亡孰病？

HSIEH AN IM ÖSTLICHEN BERGLAND

Hsieh An (320–385) stammte aus einer sehr vornehmen und politisch einflußreichen Familie. In jungen Jahren zog er es vor, in Zurückgezogenheit zu leben und sich gelehrten Studien zu widmen. Erst als sein Bruder, ein Truppenkommandeur, in Schwierigkeiten geriet, trat Hsieh An in die Öffentlichkeit und stieg rasch zu einer zentralen Machtposition auf. Trotzdem brachte ihm seine Vorliebe für Meditation und kultivierte Muße den Titel »Feinsinniger Minister« ein.

Unter seiner Leitung schickten sein Bruder und sein Neffe sich an, eine herannahende Invasion zum Stehen zu bringen. Der Ausgang des Konflikts wurde allseits mit Unruhe erwartet, doch Hsieh An war von derartiger Gelassenheit, daß er die Zeit mit wei ch'i *hinbrachte, einem Spiel, das große Konzentration und Geschicklichkeit erfordert. Als ein Kurier von der Front mit der Meldung eintraf, der Feind sei in die Flucht geschlagen, las er sie ruhig und erwiderte auf die Frage eines Gastes nach ihrem Inhalt: »Ach, meine Jungs haben bloß die Rebellen besiegt.« Dann fuhr er unbeirrt in seinem Spiel fort.*

Nationales Palastmuseum, Taipei, Taiwan

45

DIE LEERE NUTZEN

Ist die größte Leistung unvollständig,
Dann ist ihre Brauchbarkeit ungemindert.
Ist die größte Fülle leer,
Dann ist ihre Brauchbarkeit unausschöpflich.

Die größte Gradlinigkeit ist biegsam.
Die größte Geschicklichkeit ist unbeholfen.
Die größte Beredsamkeit ist stockend.

Bewegung überwindet das Kalte.
Stille überwindet das Erhitzte.
Klarheit und Stille bringen Ordnung in die Welt.

Reife Menschen treiben nie etwas auf die Spitze – nicht einmal positive Leistungen –, weil sie wissen, daß Dinge im Zustand ihrer Höchstentfaltung nicht wirkungsvoll genutzt werden können. Nur wenn eine Tasse leer ist, erreicht sie ihre optimale Brauchbarkeit; nur wenn eine Leistung in sich unabgeschlossen bleibt, kann sie wirklich weiterwachsen. Laotse war überzeugt, daß es durch Vermeidung von Extremen und Herausbildung der Einsicht in die Naturgesetze zu einer naturgemäßen Organisation und Nutzbarkeit der Welt kommen würde.
Mit dem von der Bewegung überwundenen »Kalten« in diesem Kapitel sind unbeseelte, leblose Dinge gemeint, zu deren Umwandlung in brauchbare Werkzeuge für den Menschen energische Aktivität erforderlich ist. Mit dem »Erhitzten«, das von der Stille überwunden wird, sind Menschen gemeint, die der Sammlung und Klarheit bedürfen, um brauchbare Hilfe zur kollektiven Bewußtwerdung der Welt leisten zu können.

大成若缺。其用不弊。大盈若沖。其用不窮
大直若屈。大巧若拙。大辯若訥
躁勝寒。靜勝熱。清靜爲天下正

LAOTSE, AUF EINEM BÜFFEL REITEND

Aus dem Chung Kuo Ku Tai Pan Hua Ts'ung K'an

46

故知足之足。常足矣
禍莫大。於不知足。咎莫大。於欲得
天下有道。卻走馬以糞。天下無道。戎馬生於郊

WISSEN, WAS GENUG IST

Wenn die Welt vom Tao erfüllt ist,
    Hält man selbst Rennpferde zur Dungerzeugung.
Wenn die Welt ohne das Tao ist,
    Züchtet man Kriegsrosse in den Vorstädten.

Kein größeres Verhängnis,
    Als nicht zu wissen, was genug ist.
Kein größerer Fehler,
    Als nach Gewinn zu gieren.

Wisset daher, daß genug genug ist.
Und genug wird's immer geben.

Laotse war überzeugt, daß Gewinnsucht die schwerwiegendste Charakterschwäche ist, insbesondere bei Führern, da diese Einfluß auf Menschen ausüben und Organisationen leiten. Gewinnsüchtige Führer suchen außerhalb ihrer selbst nach dem Sinn des Lebens. Daher hat ihr inneres Leben keinen wesentlichen Endzweck oder Sinn. Wenn eine Organisation in Übereinstimmung mit dem Tao geführt wird – wenn sie gegenüber anderen Organisationen nicht auf gewinnsüchtige Art tätig wird –, dann werden selbst ihre größten Vorzüge zur Ausformung des inneren Werts der Organisation genutzt (hält man sich selbst Rennpferde zur Dungerzeugung). Wird hingegen eine Organisation nicht in Übereinstimmung mit dem Tao geführt – setzt sie sich also in gewinnsüchtiger Haltung mit anderen Organisationen auseinander –, dann werden die Vorzüge der Organisation außerhalb ihrer selbst genutzt, und ihre Mitglieder müssen dafür bezahlen (man züchtet Kriegsrosse in den Vorstädten). Organisationen, die mit dem Tao übereinstimmen, wissen, was genug ist. Aus diesem Grund erlangen sie Freiheit, Kraft und Unabhängigkeit.

REIFE MENSCHEN

Das Schriftzeichen für reif/entfaltet (聖) *besteht aus drei Teilen. Es zeigt Menschen, die an ihrem Platz stehen (壬), ein Ideogramm, das aus den Schriftzeichen für Mensch (人) und Erde (土) zusammengesetzt ist. Sie stehen am rechten Platz und lauschen mit den Ohren (耳), damit sie ihren Mund (口) weise gebrauchen können. Daran schließt sich wiederum das Schriftzeichen für Mensch oder Menschen (人) an und hebt so das Humane der reifen* Menschen *besonders hervor.*

47

DAS INNERE WISSEN AUSBILDEN

Ohne aus dem Haus zu gehn,
    Wisse die Welt.
Ohne aus dem Fenster zu schaun,
    Sieh das Tao in der Natur.
Sehr weit mag einer herumkommen
    Und sehr wenig wissen.

Also die reifen Menschen –
    Wissen, ohne umherzugehn,
    Erkennen, ohne hinzusehen,
    Vollbringen, ohne zu handeln.

Das wertvollste Wissen, das man erlangen kann, erwächst aus der Herausbildung der Intuition und der Praxis der Nichteinmischung. Dieses Wissen richtet sich an eine höhere Ebene des Bewußtseins als jene, die man durch Handeln gewinnt. Denn das aus dem Handeln erwachsende Wissen wird durch situationsgebundene Reaktionen getrübt. Die Anhänger des Tao wenden strategische Nichteinmischung an und stoßen dadurch zu außerordentlicher Bewußtseinsklarheit vor. Auf diese Weise können reife Menschen sich so ausrichten, daß ihre innere Welt die sie umgebende Welt widerspiegelt. Sie üben sich in taktischer Untätigkeit, um sicherzugehen, daß sich ihre gegenwärtigen Ahnungen und Eindrücke im Einklang mit den umfassenderen Wirkkräften in der Welt befinden. Mit diesem Wissen können sie erfolgreich die für die Erreichung ihrer Ziele geeignete Position einnehmen.

不出戶。知天下。不闚牖。見天道。
其出彌遠。其知彌少
是以聖人。不行而知。不見而名。不爲而成

NICHTHANDELN

Das Schriftzeichen für Handeln *(* 爲 *) leitet sich von dem alten Ideogramm eines sich den Kopf kratzenden Affenweibchens mit menschlichem Körper (* [illegible] *) her. Dieses wurde abgewandelt und stellt nun eine Hand (* [illegible] *) beim Kämmen von Garn (* [illegible] *) zur Aufbereitung für den Webstuhl dar. Zur Bezeichnung des Nichthandelns wird dieses Schriftzeichen mit einem zweiten verknüpft, das »nicht existieren« bedeutet (* 無 *). Letzteres war ursprünglich das Piktogramm eines üppigen Waldes (* 林 *), der durch eine große Anzahl (* 卌 *) von Menschen (* 人 *) zerstört wird.*

48

DIE KUNST DES NICHTHANDELNS

Ist Gelehrsamkeit dein Ziel, so mehre sie täglich.
Ist das Tao dein Ziel, so mindere es täglich.
Mindere Schritt für Schritt,
Bis du anlangst beim Nichthandeln.
Durch Nichthandeln bleibt nichts ungetan.

Mühelos nur hält man die Welt.
Sobald Mühe hinzukommt,
Entgleitet unhaltbar die Welt.

Dieses Kapitel beschreibt in Form eines Gedankenexperiments, wie man die Praxis kalkulierten Nichthandelns zum Gewinn machtvoller Einsichten in weltliche Belange nutzen kann. Den Anhängern des Tao geht es darum, den Geist von starren Vorstellungsklischees zu reinigen, um den Weg für Eindrücke frei zu machen, die auf dem Wandel und der Evolution der jeweiligen Lebensumstände beruhen. Statische Information schränkt die Fähigkeit des Bewußtseins ein, Eindrücke zu »lesen«, die in der Sprache des Möglichen und Veränderlichen ankommen. Laotse war überzeugt, daß angestrengte Versuche, an Information heranzukommen, eine verzerrte Gestalt der Wirklichkeit ergäben – ebenjene, die Reaktionen der Welt auf das eigene Handeln zur Grundlage hätte. Das taoistische Ideal ist der Gewinn unverfälschter Information durch Beobachtung einer Welt, die nicht auf die Einmischung des Beobachters reagiert. Reife Menschen nutzen unverfälschte Information, um ihr intuitives und instinktives Wissen zu vervollkommnen.

Der Ausdruck *Gelehrsamkeit* kann auch mit »Studium« oder »Lernen« übersetzt werden. Er bezeichnet Information, die sich aus bloßem Auswendiglernen oder rein mechanischer Wissensaneignung ergibt.

取天下常以無事。及其有事。不足以取天下
無爲而無不爲
爲學日益。爲道日損。損之又損。以至於無爲。

KLEINES KIND

Kleines Kind (孩) *war ursprünglich ein Ideogramm, das ein Kind mit ausgestreckten Armen und Beinen darstellte ( ). In seiner späteren Abwandlung zeigt es ein Wickelkind mit ausgebreiteten Armen (子). Es wird mit einem lautlichen Modifikator versehen (亥), der die Abendstunden von 9 bis 11, die für die Empfängnis günstigste Tageszeit, darstellt.*

DAS BEWUSSTSEIN ÖFFNEN

49

Reife Menschen haben kein festgelegtes Bewußtsein;
Sie machen das Bewußtsein aller Menschen zu ihrem Bewußtsein.

Zu den Guten bin ich gut;
    Zu den Unguten bin ich auch gut.
Güte ist Macht.

Die Vertrauensvollen haben mein Vertrauen;
    Die Vertrauenslosen haben auch mein Vertrauen.
Vertrauen ist Macht.

Die reifen Menschen dieser Welt
    Nehmen die Welt für sich ein und verschmelzen mit ihr.
Alle Menschen bemühen Augen und Ohren;
    Die Reifen handeln wie kleine Kinder.

Reife Menschen achten darauf, daß ihr Bewußtsein offen und unvoreingenommen bleibt, weil starre Meinungen oder Wertvorstellungen den aus der Außenwelt kommenden Fluß reiner Information nur entstellen. Indem sie mit dem kollektiven Bewußtsein der Gesellschaft verschmelzen, vertiefen sie ihr Verständnis der Welt und stärken ihre Position in ihr. Sie verlassen sich nicht allein auf die über Augen und Ohren gewonnene Information, sondern blicken mit offenem Herzen und Sinn darüber hinaus. Auf diese Weise können sie, wie kleine Kinder, auf die Welt tätig einwirken, ohne sie aus dem Gleichgewicht zu bringen.
Indem sie in jene Vertrauen setzen, die selbst kein Vertrauen haben, und jenen Güte erweisen, die keine guten Menschen sind, handeln reife Menschen in Übereinstimmung mit dem Tao. Sie benutzen eine entgegengesetzte Wirkkraft zur Neutralisierung eines Extrems und verändern so die innere Wirklichkeit vertrauensloser, schlechter Menschen. Eine solche Reaktionsweise steht im Widerspruch zum üblichen Verhalten: Normalerweise erwidert man Aggression mit Aggression, Haß mit Haß und Ärger mit Ärger. Aber durch Beobachtung der Naturgesetze erkennen Eingeweihte klar, daß eine Säure nicht neutralisiert wird, indem man noch mehr Säure hinzufügt, sondern indem man sie mit ihrem Gegenteil, einer Laugenlösung, auffüllt. Laotse war überzeugt, daß die Fähigkeit, Extreme zu neutralisieren und die Wirklichkeit zu verändern, die grundlegende Kraft ist, die der Welt Frieden bringen wird.

Der Ausdruck *alle Menschen* in diesem Kapitel heißt wörtlich übersetzt »die hundert Familien«. Dieser Ausdruck bezeichnet die Gesamtheit der Familiennamen in China und steht für die Gesamtbevölkerung des Landes.

聖人無常心。以百姓心爲心　善者吾善之。不善者吾亦善之。德善
信者吾信之。不信者吾亦信之。德信
聖人在天下。歙歙爲天下渾其心。百姓皆注其耳目。聖人皆孩之

DIE KUNST DES ÜBERLEBENS

Wie das Leben hinausgeht, so tritt der Tod herein.

Das Leben hat dreizehn Pfade;
    Der Tod hat dreizehn Pfade.
Das Menschenleben langt im Bezirk des Todes
    Gleichfalls in dreizehn Schritten an.

Warum ist das so?
Weil das Leben verschwenderisch gelebt wird.

Nun aber kann, und das ist wohlbekannt,
    Wer das Leben für sich einzunehmen weiß,
Das Land durchreisen,
    Ohne einem Einhorn oder Tiger zu begegnen.
Beim Zusammenstoß mit den Soldaten
    Ist seine Verteidigung unangreifbar.

Dem Einhorn bleibt keine Stelle, sein Horn hineinzustoßen.
Dem Tiger bleibt keine Stelle, seine Klaue festzukrallen.
Den Soldaten bleibt keine Stelle, ihre Klinge einzuzwängen.

Warum ist das so?
Weil er ohne den Bezirk des Todes ist.

Die in diesem Kapitel erwähnten dreizehn Pfade sind die menschlichen Sinne und die Körperöffnungen. Reife Menschen unterziehen diese einer sorgfältigen Überwachung und Kontrolle; sie üben sich im Maßhalten und senken den Input an Sinnesdaten auf ein Niveau ab, auf dem mehr Energie gespeichert als nach draußen abgegeben wird. Sie wissen, daß die Lebenskraft stärker wird, wenn man die von den Sinnen empfangene Energie für inneres Wachstum nutzt. Eine starke Lebenskraft schafft bestimmte Unverwundbarkeiten im Leben. Laotse war überzeugt, daß Menschen vor Schaden bewahrt werden, nicht weil sie Glück haben, sondern weil sie keine Schwächen (den Bezirk des Todes) kultivieren. Deshalb bringen sich reife Menschen nicht selbst in Positionen, in denen sie gegenüber Angriff oder Mißgeschick verwundbar sind. Sie sind sich bewußt, daß, sowie das Leben hinausgeht, der Tod hereintritt, und daher bewahren sie ihre Energie und beschäftigen sich mit lebensteigernden Tätigkeiten.

Die Zahl 13 in diesem Kapitel kann sich auch auf die neun Körperöffnungen und vier Gliedmaßen des Menschen beziehen; jeder dieser »Pfade« zieht, wie das Leben, mit gleicher Wahrscheinlichkeit auch den Tod an.

50

出生入死
生之徒十有三。死之徒十有三。人之生動之死地。亦十有三
夫何故？以其生生之厚
蓋聞。善攝生者。陸行。不遇兕虎。入軍。不被甲兵
兕無所投其角。虎無所措其爪。兵無所容其刃
夫何故？以其無死地

KRAFT

Das Schriftzeichen für Kraft (德) *setzt sich aus mehreren Elementen zusammen. Der erste Teil (彳) bezeichnet einen Schritt vorwärts. Der zweite Teil besteht aus Geradheit (一), an der zehn (十) Augen (罒) keinen Makel entdecken können. Dieses Ideogramm steht über dem Symbol für ein schlagendes Herz (心), das sich aus einer bildlichen Darstellung des Organs selbst ([illegible]) mit der absteigenden Aorta ([illegible]) darunter herleitet.*

DIE KRAFT TEILNAHMSLOSER FÖRDERUNG

Das Tao erzeugt;
    Seine Kraft erhält;
Sein Naturgesetz formt;
    Sein Einfluß vollendet.

Ausnahmslos alle Dinge also
    Achten das Tao und schätzen seine Kraft.
Das Tao zu achten und seine Kraft zu schätzen –
    Niemand verlangt dies, und es geschieht wie von selbst.

Daher erzeugt das Tao, und seine Kraft erhält;
Sie fördert, bildet, erquickt, reift, nährt und beschützt.

Erzeuge, aber nimm nicht in Besitz.
Handle ohne Erwartung.
Fördere, ohne zu beherrschen.
Dies nennt man die subtilen Kräfte.

Dem Tao ist es egal, was es erzeugt, aber seine Aktivität trägt zur Unterstützung und Erhaltung jener bei, die einem naturgemäßen und spontanen Weg folgen. Überdies kann seine Kraft *(Te)* von jenen genutzt werden, die sich seinem jeweils aktuellen Einfluß anpassen. Für diejenigen, die das Tao nicht nutzen – die also ihrem eigenen Wesen und den Naturgesetzen zuwiderhandeln –, verharrt das Tao, wie eh und je, in Gleichgültigkeit. Das einzige Resultat solchen Tuns ist ein schwieriger Lebensweg für die Betreffenden.
Im fernöstlichen Denken gilt das Universum generell als Sinnestäuschung, und sein Ursprung – das Absolute – wird als unpersönliche Größe konzipiert: als eine Intelligenz, die damit beschäftigt ist, Materie und Energie zu schaffen und zu erhalten, nur um sich selbst zu manifestieren. Deshalb sind nach fernöstlicher Auffassung Menschen, die in weitestgehender Übereinstimmung mit den Naturgesetzen eine Haltung des Unbeteiligtseins praktizieren, befähigt, die subtilen Kräfte zur Gestaltung ihres eigenen Schicksals zu nutzen.

51

道生之。德畜之。物形之。勢成之　是以萬物莫不。尊道而貴德。
道之尊德之貴。夫莫之命而常自然　故道生之德畜之。
長之育之亭之毒之養之覆之　生而不有。爲而不恃。長而不宰。是謂玄德

RÜCKKEHR ZUR EINSICHT

Den Anfang der Welt
Mag man betrachten als die Mutter der Welt.
Um die Mutter zu begreifen,
Kenne die Kinder.
Die Kinder zu kennen
Heißt, nah bei der Mutter zu bleiben
Und frei von Leid durchs ganze Leben zu gehen.

Schließe die Sinnespforten,
Versperr dich dem Draußen:
Am Ende ist das Leben eitel.

Öffne die Sinnespforten,
Sei ständig geschäftig:
Am Ende ist das Leben verzweifelt.

Das Geringe wahrnehmen heißt Einsicht.
Fügsam bleiben heißt Stärke.
Nutzt einer sein inneres Licht,
Um so zurückzukehren zur Einsicht,
Wird das Leben des Unglücks ledig.

Dies nennt man Erlernen des Absoluten.

Die Bezeichnung *Mutter* ist ein weiterer Ausdruck zur Umschreibung des Tao im *Tao Te King*. Ihre Nachkommenschaft (Kinder) sind die »zehntausend Dinge«: alle Dinge im Universum. Hier wird hervorgehoben, daß man durch die Beobachtung der physikalischen Gesetze, die das Verhalten der Materie steuern, allmählich zur Wahrnehmung des Tao gelangen kann. Wenn man das Tao kennt, macht einem das Leben weniger angst, denn das Bewußtsein erweitert sich und wird mit dem Unbekannten vertraut.
In diesem Kapitel werden zwei Annäherungen an die Außenwelt beschrieben. In der einen verschließt man die Sinne und blockiert das Einströmen äußerer Erfahrungsdaten; in der anderen öffnet man die Sinne weit und verliert sich in weltlicher Geschäftigkeit. Der Endeffekt beider Annäherungen ist alles andere als glücklich: Der einen mangelt es an sinnvollem Tun, die andere verstrickt und verzettelt sich hoffnungslos. Laotse hingegen bietet eine Strategie zur Stabilisierung der Sinnesdaten und zur Abwendung von Schwierigkeiten an. Indem man seine äußere Sicht der Welt fortwährend mit Information aus dem intuitiven Bewußtsein anreichert, entwickelt man einen Sinn für die kontinuierlichen Prozesse und Grundstrukturen des Lebens. Diese Ausbildung von Instinkt und Intuition ist für die Entfaltung eines reifen Bewußtseins unerläßlich.

52

天下有始。以爲天下母。
既得其母。以知其子。
既知其子。復守其母。沒身不殆
塞其兌。閉其門。終身不勤
開其兌。濟其事。終身不救
見小曰明。守柔曰强。
用其光。復歸其明。無遺身殃
是謂習常

DER KAISER T'AI TSUNG

Li Shih-min, historisch bekannt als Kaiser T'ai Tsung (597–649), war der zweite Sohn des Kaisers Kao Tsu, des Begründers der T'ang-Dynastie. Er half seinem Vater, die niedergehende Sui-Dynastie zu stürzen, deren hochtrabendes Bestreben, China militärisch zu einigen und mit einem übergreifenden Kanalsystem zu versehen, die Bevölkerung aufgrund der überhöhten Steuern in den Ruin getrieben hatte. Als sein Vater die Regierung des Reichs übernahm, betätigte sich T'ai Tsung aktiv an sozialen Reformen. Er förderte das Bildungswesen und die Astronomie in ihrer ursprünglichen Form als eher praktischer, weniger metaphysischer Wissenschaft. Nach der Abdankung seines Vaters trat er eine Herrschaft von beispiellosem Glanz an.

Kaiser T'ai Tsung lernte aus den Fehlern der korrupten Sui-Dynastie. Macht verlieh er lieber gut ausgebildeten Staatsbeamten als Aristokraten oder Offizieren, und seine Höflinge ermunterte er, sich offen und unbefangen zu äußern. Häufig bestellte er die regionalen Beamten zu sich, um sich vom Wohlergehen seiner Untertanen ein klares Bild zu machen, und ständig überprüfte er die politischen Aktivitäten seiner Verwaltung. In späteren Jahren schrieb er das Buch Ratgeber für Kaiser, *zum Gebrauch für seine Nachfolger; und von seinen überlieferten Worten sind dies die bekanntesten: »Benutzt du einen Spiegel aus Messing, so magst du hineinsehn, um deine Mütze zu richten; benutzt du das Altertum als Spiegel, so mag es dich lehren, den Aufstieg und Fall der Reiche vorauszusehn.«*

Nationales Palastmuseum, Taipei, Taiwan

53

DER UNGETEILTE PFAD

Mit wenig Wissen nur
Würde ich den großen Weg beschreiten
Und nichts fürchten, als davon abzulassen.
Der große Weg ist völlig eben;
Doch die Menschen lieben die Nebenwege.

Wenn eine Organisation uneinig ist,
Sind die Felder überwuchert,
Sind die Vorratslager leer,
Sind die Kleider überprächtig,
Trägt man scharfgeschliffne Schwerter,
Sind Trank und Speise überreichlich,
Werden Schätze und Besitz gehortet.

Stehlen nennt man dies und Übertreibung
Und gewißlich nicht den Weg!

使我介然有知。行於大道。唯施是畏。大道甚夷。而民好徑
朝甚除。田甚蕪。倉甚虛。服文彩。帶利劍。厭飲食。財貨有餘
是謂盜夸。非道也哉

Dem großen Weg – dem Tao – zu folgen erfordert kein spezielles Wissen oder Gelehrsamkeit; man muß dabei nur der inneren Stimme lauschen, die aktuellen Strukturen der Gesellschaft und Umwelt zur Kenntnis nehmen und nicht vom Pfad des geringsten Widerstandes abweichen. Der Pfad des geringsten Widerstandes ist gleichmäßig und eben, aber für viele stellen die Nebenpfade eine Versuchung dar. Im sozialen Bereich sind solche Nebenpfade maßlose Ambitionen und Wünsche, die die Menschen von ihrem inneren Wesen trennen, sie in sich und untereinander uneinig werden lassen. Wenn sich einzelne Menschen Extremen hingeben, so führt das nur dazu, daß sie ihre eigene persönliche Entfaltung blockieren; wenn aber Organisationen sich so verhalten, dann besteht Gefahr sowohl für die Menschen, für die sie da sind, als auch für die Organisationen selbst.
Kennzeichnend für eine uneinige Organisation ist, daß sie sich gegenüber ihren Mitgliedern und gegenüber anderen Organisationen anspruchsvoll oder feindselig verhält. Solche Organisationen sparen, wo sie Ausgaben machen sollten (bei der Ernährung und dem Lebensunterhalt), und sie machen Ausgaben, wo sie sparen sollten (bei der äußeren Erscheinung und den Waffen). Nicht im Gleichgewicht befindliche Organisationen handeln gegen die Gesetze der Natur und können daher nicht lange bestehen.

GRUNDLEGUNG EINER UNIVERSALEN SEHWEISE

Fest Gegründetes wird nicht entwurzelt werden;
Fest Ergriffenes wird nicht entgleiten.
So wird es verehrt von Generationen.

Gestalte und pflege das innere Selbst;
  Seine Kraft wird wirklich.
Gestalte und pflege die Familie;
  Ihre Kraft wird überreich.
Gestalte und pflege die Gemeinschaft;
  Ihre Kraft wird größer.
Gestalte und pflege die Organisation;
  Ihre Kraft wird tausendfach fruchtbar.
Gestalte und pflege die Welt;
  Ihre Kraft wird allumfassend.

Daher: Durch das innere Selbst
  Wird das innere Selbst erfaßt.
Durch die Familie
  Wird die Familie erfaßt.
Durch die Gemeinschaft
  Wird die Gemeinschaft erfaßt.
Durch die Organisation
  Wird die Organisation erfaßt.
Durch die Welt
  Wird die Welt erfaßt.

Woher kenne ich die Welt?
Durch ebendies.

Dieses Kapitel beschreibt eine globale Sehweise, die angewendet wird, um Einsicht zu gewinnen in die von wechselseitiger Abhängigkeit bestimmte Beziehung zwischen Individuum und Außenwelt. Auf allen Ebenen, angefangen bei der kleinsten sozialen Einheit, dem Selbst, und dann fortschreitend zur Familie, der Gemeinschaft, der Organisation und Welt, steigert die Anwendung taoistischer Grundsätze die geistige Energie. Aber um diese sozialen Einheiten auf das Tao hin auszurichten, müssen die ihnen zugrundeliegenden Strukturen erkannt werden, und dies geschieht, indem im Bewußtsein die Vision einer ideal operierenden sozialen Einheit entworfen wird: einer Einheit, die auf streitfreie, angemessen unterstützende und sozial ästhetische Weise funktioniert. Um sich einen Begriff von einer ideal funktionierenden Welt machen zu können, entwickeln reife Menschen das innere Bewußtsein. Die Kraft einer Weltvision in einem gereiften Bewußtsein kann dazu verhelfen, dieses Idealbild für zukünftige Generationen Wirklichkeit werden zu lassen.

54

吾何以知天下然哉？以此
以國觀國。以天下觀天下
故以身觀身。以家觀家。以鄉觀鄉。
其德乃長。修之於國。其德乃豐。修之天下。其德乃普
修之於身。其德乃眞。修之於家。其德乃餘。修之於鄉。
善建者不拔。善抱者不脫。子孫以祭祀不輟

DIE KRAFT IM NICHTSTREITEN

Tiefverwurzelte Kraft zu besitzen
Heißt, wie ein neugeborenes Kind zu sein.

Giftige Insekten stechen es nicht,
Wilde Bestien reißen es nicht,
Raubvögel schlagen es nicht.

Seine Knochen sind biegsam,
Seine Muskeln sind entspannt,
Sein Zugriff ist fest.

Es weiß noch nichts von der Liebe von Mann und Frau,
Doch sein Geschlecht zeigt und erregt sich schon.
Seine Lebenskraft hat größte Fülle.

Den ganzen Tag kann es schreien
Und wird doch nicht heiser davon.
Sein Einklang hat größte Fülle.

Den Einklang zu kennen heißt das Absolute.
Das Absolute zu kennen heißt Einsicht.
Das Leben zu steigern heißt Glück.
Des Einflusses sich bewußt zu sein heißt Stärke.

Übergroß gewordne Dinge müssen zugrunde gehn.
Das ist nicht das Tao.
Was nicht das Tao ist, wird frühzeitig enden.

Die Metapher vom kleinen Kind kommt im *Tao Te King* häufig vor. Wie ein kleines Kind zu sein bedeutet, mit dem eigenen ursprünglichen Wesen und der aktuellen Wirklichkeit der Umwelt gleicherweise in Kontakt zu stehen. Kleine Kinder agieren und reagieren angemessen und spontan und greifen weder an, noch streiten sie; so sind sie geschützt. Reife Menschen setzen daher Spontaneität und Streitvermeidung als eine Art geistiger Kriegskunst zur Überwindung sozialer Gefahren ein. Stößt man sie, so weichen sie zurück, und die, die sie stoßen, geraten durch ihre eigene unangemessene Anstrengung aus dem Gleichgewicht. Reife Menschen konzentrieren sich ausschließlich auf die Aufrechterhaltung ihrer Standfestigkeit und ihres Gleichgewichts – eine Grundeinstellung, aus der Kraft erwächst. Die physikalischen Gesetze des Universums spiegeln die Tatsache wider, daß unausgewogene Energien nicht stabil sind und ihre Zeit schnell vorüber ist.

55

物壯則老。謂之不道。不道早已

知和曰常。知常曰明。益生曰祥。心使氣曰强

終日號。而不嗄。和之至也

骨弱。筋柔。而握固　未知牝牡之合。而峻作。精之至也

毒蟲不螫。猛獸不據。攫鳥不搏

含德之厚。比於赤子

LAOTSE, AUF EINEM OCHSEN REITEND

The Cleveland Museum of Art, Cleveland, Ohio

56

DAS EINSSEIN ERLANGEN

Die Wissenden reden nicht.
Die Redenden wissen nicht.

Schließe die Pforten.
Verriegle das Tor.
Stumpfe die Schärfe.
Löse die Schlingen.
Mildere den Glanz.
Werd eins mit den Wegen der Welt.

Tiefste Ineinssetzung wird dies genannt.

Unerreichbar ist sie durch Zuneigung.
Unerreichbar ist sie durch Abneigung.
Unerreichbar ist sie durch Gewinn.
Unerreichbar ist sie durch Schaden.
Unerreichbar ist sie durch Achtung.
Unerreichbar ist sie durch Mißachtetsein.

Darum ist sie das Kostbarste der Welt.

知者不言。言者不知 塞其兌。閉其門。挫其銳。解其紛。和其光。同其塵 是謂玄同 故不可得而親。不可得而疏。不可得而利。不可得而害。不可得而貴。不可得而賤 故爲天下貴

Die ersten zwei Zeilen dieses Kapitels gehören zu den meistzitierten Passagen aus dem *Tao Te King*. Laotse sagt darin, daß ein Verständnis der Welt, das primär auf einer Lehre beruht, die nicht dem inneren Bewußtsein entstammt, keine naturgegebene Struktur des Universums verkörpert, sondern höchstens eine vorübergehende Struktur der Kultur. Als solches kann es für die Anhänger des Tao nicht von Nutzen sein, denn diese verlassen sich auf die Eindrücke des intuitiven Geistes, der sich in Übereinstimmung mit dem Universum entfaltet und wandelt.
Um das innere Bewußtsein zu entwickeln, beschäftigen sich die Anhänger des Tao mit Gedankenübungen, die die intuitiven Kräfte freisetzen und intellektuelle Unabhängigkeit fördern. Reife Menschen halten die äußeren Sinnesdaten unter Kontrolle, neutralisieren Aggression, vereinfachen ihre Pläne und Strategien und bringen ihr Bewußtsein in Einklang mit den Grundmustern ihrer sozialen Umwelt. Anders ausgedrückt, sie gelangen zum Einssein mit dem sich entfaltenden Universum: zur tiefsten Ineinssetzung. Da diese Geistesverfassung nicht durch soziale oder intellektuelle Strategien erreichbar ist, kann man Menschen, die diesen Zustand erreicht haben, ihrerseits weder benutzen noch zu etwas zwingen. Sie haben durch unbestechliche Einfachheit und innere Wahrhaftigkeit persönliche Kraft erlangt.

DIE KRAFT IN DER MÜHELOSIGKEIT

Die Organisation leite mit Rechtschaffenheit.
Den Krieg führe mit Überraschungstaktik.
Die Welt erringe mit Mühelosigkeit.

Woher weiß ich, daß das so ist?
Dadurch:

Zu viele Verbote auf der Welt,
  Und die Menschen werden untauglich.
Zu viele scharfe Waffen unter den Menschen,
  Und die Verwirrung nimmt zu im Volk.
Zuviel Raffinesse unter den Menschen,
  Und immer mehr befremdliche Dinge geschehen.
Zu deutlicher Zuwachs an Gesetzen und Verordnungen,
  Und zu viele Verbrecher tauchen auf.

Darum sagen reife Menschen:

Achte auf das Nichthandeln,
  Und die Menschen sind alsbald naturgemäß beeinflußt.
Achte auf die Gelassenheit und Stille,
  Und die Menschen sind alsbald naturgemäß rechtschaffen.
Achte auf die Mühelosigkeit,
  Und die Menschen sind alsbald naturgemäß reich.
Achte auf das Nichtbegehren,
  Und die Menschen sind alsbald naturgemäß einfach.

In diesem Kapitel verweist Laotse darauf, daß Führer in der Lage wären, die Welt zu einen, wenn sie ohne Einmischung führen und ohne restriktive Sozialstrukturen regieren könnten. Ein Zuviel an Kontrolle und Verordnungen kommt einer Aggression gegen die naturgemäßen Prozesse der Vervollkommnung in den Menschen gleich. Nach taoistischer Auffassung sind die menschlichen Instinkte untadlig und ohne Makel; aggressiv und raffiniert werden sie nur als Reaktion auf exzessiven Druck, der von restriktiven Gesetzen und verordneter Moral herrührt. Führer, die sich über die anderen erheben und sie – einzeln oder in ihrer Gesamtheit – zu unterdrücken und zu manipulieren suchen, erreichen letztendlich das Gegenteil ihrer Zielsetzungen. Eine derartige Gewaltsamkeit bringt sich selbst zu Fall und führt auf diesem Weg die Organisation ins Chaos.
Reife Führer kehren diesen Prozeß um. Soweit sie es vermeiden können, mischen sie sich nicht ein; innerhalb der Organisation sind sie ein Muster an vernünftiger Gelassenheit; sie gehen an Aufgaben von der Seite heran, wo man sie leicht und ohne Konfrontation lösen kann; in ihrem Innern bezwingen sie großtuerische Ambitionen und belanglose Begierden. Demzufolge werden die Untergebenen günstig beeinflußt; sie benehmen sich angemessen; sie erlangen natürlichen Reichtum; und sie versagen sich komplizierte Strategien und Intrigen. Auf diese Weise schließen sie sich naturgemäß zu einer Einheit zusammen.

57

以正治國。以奇用兵。以無事取天下

吾何以知其然哉？以此　天下多忌諱。而民彌貧。

民多利器。國家滋昏。人多伎巧。奇物滋起。法令滋彰。

盜賊多有　故聖人云　我無爲。而民自化。

我好靜。而民自正。我無事。

而民自富。我無欲。而民自樸

HELL

Das Schriftzeichen für hell (光) *zeigt in seiner alten Schreibweise* (炗) *die Ideogramm-Kombination für zwanzig* (廿) *und Feuer* (火). *Die neuere Variante des Schriftzeichens stellt eine Person* (儿) *dar, die über dem Kopf eine Fackel* (火) *trägt.*

DIE MITTE AUSBILDEN

Bleibt die Verwaltung kaum spürbar,
Sind die Menschen ohne Falsch.
Stellt die Verwaltung hohe Anforderungen,
Sind die Menschen unzulänglich.

Unglück! Glück hält es am Leben.
Glück! Unglück birgt sich darin.
Wer weiß, wo das endet?
Gibt es keine Ordnung?

Ordnung kann sich ins Ungewöhnliche verkehren;
Gutes kann sich ins Wunderliche verkehren;
Und die Verwirrung der Menschen dauert wahrlich
Eine lange, lange Zeit.

Deshalb sind reife Menschen
Unmißverständlich, ohne zu entzweien;
Ehrlich, ohne zu verletzen;
Geradeheraus, ohne zu überfordern;
Hell, ohne zu blenden.

Strenge Statuten und Überwachungsmaßnahmen kennzeichnen eine Verwaltung, die ihre hohen Anforderungen bis ins Detail durchsetzen will. Eine solche Verwaltung macht sich ein Bild vom idealen Untergebenen und versucht dann die Menschen in dieses Ideal hineinzuzwingen. Da die menschliche Natur unabänderlich der Unterdrükkung Widerstand leistet, beginnen sich Unmut und Unzufriedenheit innerhalb des Staates oder der Organisation breitzumachen. Forciert die Verwaltung daraufhin ihren Druck, so nimmt der Widerstand der Menschen nur noch an Stärke zu. Reife Führer wissen um das Wirken der Polarität in der Natur und vermeiden deswegen derartige Extreme. Sie sind sich im klaren, daß Unglück und Glück auf direkte Kontrolle nicht ansprechen, und daß exzessive Reglementierungen im Interesse des »Guten« und der »Ordnung« mit Sicherheit eine Gegenreaktion hervorrufen werden. Statt dessen gebrauchen sie ihre Intelligenz dazu, die Welt ohne direkte Konfrontation oder übermäßiges Taktieren und Kontrollieren zu gestalten. Unbeirrbar, subtil und ohne Falsch entwickeln sie sich selbst und werden zum Vorbild für ihre Untergebenen.

58

其政悶悶。其民淳淳。其政察察。其民缺缺 禍兮福之所倚。
福兮禍之所伏。孰知其極？其無正？正復爲奇。善復爲妖。人之迷。
其日固久 是以聖人。方而不割。廉而不劌。直而不肆。光而不耀

MUTTER

Mutter (母) *basiert auf dem alten Piktogramm einer Frau in der traditionellen chinesischen Gebärhaltung ( ). Später wurde es zum allgemeinen Schriftzeichen für Frau* (女) *vereinfacht. Die zwei hinzugefügten Tüpfelchen (⁚) zeigen an, daß es sich um eine Frau handelt, die ihr Kind säugt, eine Mutter.*

59

DER WEG DER MÄSSIGUNG

Bei der Führung der Menschen und im Dienst der Natur
Gibt es nichts Besseres als Mäßigung.
Denn Mäßigung bedeutet ja frühes Sichfügen;
Frühes Sichfügen bedeutet Speichern der Kraft.

Wird die Kraft gespeichert,
Ist nichts unmöglich.
Ist nichts unmöglich,
Kennt man keine Grenzen.
Wer keine Grenzen kennt,
Kann die Organisation besitzen.

Besitzt eine Organisation die Mutter der Welt,
Kann sie fortdauern und gedeihen.
Dies bedeutet tiefe Wurzeln und tragfesten Baugrund:
Dauer und ein langes Leben durch Beobachtung des Tao.

Die Verantwortung reifer Führer besteht darin, ihre Untergebenen wirkungsvoll zu führen und gleichzeitig ihrer selbst bewußt zu bleiben und ihre eigene Mitte zu wahren; das bedeutet »im Dienst der Natur«. Um Mäßigung zu erzielen, vermeiden Führer gewissenhaft Extreme und Konfrontationen. Die Mäßigung bringt Ausdauer, persönliche Kraft und unbegrenzte Möglichkeiten mit sich. In sich selbst zentrierte Führer machen gewöhnlich die Erfahrung eines sich immer weiter ausdehnenden Einflusses. Wenn sie ihrerseits die ihnen anvertraute Organisation in Übereinstimmung mit dem gemäßigten, ausgewogenen Pfad des Tao strukturieren, so wird diese nicht vom Sturm der Extreme zerstört, sondern erfreut sich vielmehr eines langen erfolgreichen Daseins.

Das Wort *Mutter* (Mutter der Welt) ist hier eine metaphorische Umschreibung des Tao: Wie die Mutter ist ja das Tao der Urheber allen Geschehens.

治人事天。莫如嗇。夫唯嗇是謂早服。早服謂之重積德
重積德。則無不克。無不克。則莫知其極。莫知其極。可以有國
有國之母。可以長久。是謂深根固柢。長生久視之道

KAISER KAO TSU AUS DER T'ANG-DYNASTIE

Kaiser Kao Tsu, der ursprünglich Li Yuan hieß (565–635), war Truppenkommandeur gegen Ende der korrupten Sui-Dynastie. Die Sui-Dynastie hatte der chinesischen Bevölkerung großen Tribut in Form von hohen Steuern und Zwangsarbeit abgepreßt, und ihre Unbeliebtheit brachte sie schließlich ins Wanken. Während der zwei Jahre dynastischer Umwälzung, die dem Volksaufstand folgten, setzte Kao Tsu mit Hilfe seines Sohnes einen Marionettenkönig ein. Danach übernahm er selbst die Zügel der Macht und leitete Chinas goldenes Zeitalter, die T'ang-Dynastie, ein.

Als Begründer der T'ang-Dynastie herrschte Kaiser Kao Tsu von 618 bis 626. Er führte Reformen zur Offenlegung und Wiedergutmachung der politischen Korruption des Sui-Regimes durch. Er verteilte den Grundbesitz unter der chinesischen Bevölkerung neu und führte ein »naturales« Steuersystem ein, bei dem die Bauern mit Gütern oder Nahrungsmitteln zahlen konnten; so schwächte er die Macht der vermögenden Klassen. Unter seiner Führung wurde China befriedet und geeint. Nach neun Jahren dankte er zugunsten seines Sohnes ab und trat mit dem Titel eines Kaisers Emeritus in den Ruhestand.

Nationales Palastmuseum, Taipei, Taiwan

60

治大國若烹小鮮
以道莅天下。其鬼不神。非其鬼不神。其神不傷人
非其神不傷人。聖人亦不傷人。夫兩不相傷。故德交歸焉

DIE POSITION HALTEN

Das Führen einer großen Organisation ist wie das Braten eines kleinen Fisches.

Ist das Tao gegenwärtig in der Welt,
Sind die Listenreichen nicht geheimnisvoll.
Nicht nur, daß die Listenreichen nicht geheimnisvoll sind:
Ihr Geheimnis schadet auch andren nicht.

Nicht nur, daß ihr Geheimnis andren nicht schadet,
Auch die reifen Menschen tun niemandem ein Leid an.
Da sie beide keinen Schaden tun,
Strömt die Kraft zurück und sammelt sich.

Um die Organisation in einer unsicheren Lage zu stärken, muß ein Führer dem Tao durch gekonntes »Braten eines kleinen Fisches« nacheifern. Genau wie zu vieles Umwenden in der Pfanne einen delikaten Fisch zerfallen läßt, bringt zuviel Einmischung während einer schwierigen Phase die Situation sowie die Stellung, die man darin einnimmt, aus dem Gleichgewicht. Wenn keine eleganten, mühelosen Lösungen möglich sind, dann ist es am angemessensten, es den natürlichen Wirkkräften, dem Tao, zu überlassen, die Probleme zu entfalten und den Weg zu ihrer Lösung aufzuzeigen. Deshalb ist es das vordringlichste Anliegen reifer Führer, das Tao in allem, was die Organisation betrifft, zu entwickeln. Ist das Tao einmal zum Tragen gekommen – durch feinfühlige, beobachtende Nichteinmischung –, dann werden sich allen Beteiligten viele Dinge im rechten Licht zeigen. Jene, die sich listenreiche Strategien zum persönlichen Vorteil ausdenken wollten, werden klar durchschaubar und können daher keinen Schaden mehr anrichten. Braucht die Organisation dann keine innere Manipulation mehr zu befürchten, wird die Arbeit auch Gewinn bringen.

Der Ausdruck *die Listenreichen* entspricht dem chinesischen Wort *Kuei*. Es kann auch mit »Geister«, »Gespenster« oder »Dämonen« übersetzt werden. Die *Kuei* sind als Geister eher koboldhaft und tückisch als unheilvoll und böse.

DIE KRAFT IN DER BESCHEIDENHEIT

Eine große Organisation sollte abwärts fließen,
Um mit der Welt zusammenzukommen.
Sie ist das Weibliche der Welt.
Immer überwindet das Weibliche das Männliche durch Stillhalten;
Durch Stillhalten hält es sich unten.

Wenn also eine große Organisation
  Sich unter eine kleine stellt,
    Kann sie die kleine in sich aufnehmen.
Und wenn eine kleine Organisation
  Sich unter eine große stellt,
    Kann sie die große in sich aufnehmen.

Daher nimmt der eine auf durch Niedrigwerden;
Der andere nimmt auf durch Niedrigsein.

Doch eine große Organisation möchte
  Andere einen und stützen.
Und eine kleine Organisation möchte
  Anderen sich anschließen und dienlich sein.

Um demnach für beide den erwünschten Stand zu erringen,
Soll die größere sich unten halten.

Eine Haltung der Nichtaggression und Nichteinmischung ist die naturgemäße diplomatische Einstellung, die eine große mächtige Organisation gegenüber einer kleineren einnehmen soll. Diese nachgiebige Position macht den Eindruck der Unterwürfigkeit, hat aber tatsächlich den Vorrang der Großzügigkeit. Wird diese Position eingehalten, dann wird die kleine Organisation nicht gegen die Macht und Stellung der größeren Organisation aufbegehren – und die größere wird, indem sie eine aggressive Durchsetzung ihrer eigenen Interessen vermeidet, das Vertrauen und die Mitarbeit der kleineren gewinnen. Diese seitens der größeren Organisation eingenommene Stellung richtet sich an die psychischen Bedürfnisse beider, denn für größere Organisationen ist es von Vorteil, andere zu einen und zu stützen, und für die kleineren Organisationen ist es von Vorteil, einem größeren Kreis dienstbar zu sein. Die Kraft, die daraus erwächst, daß man anderen dient, findet sich in allen Beziehungen – von den zwischenmenschlichen bis zu jenen zwischen Nationen. Die Chinesen sagen: »Herrschen ist Dienen.« Ein Taoist würde sagen: »Dienen ist Herrschen.«

61

夫兩者各得其所欲。大者宜爲下

小國不過欲。入事人

故或下以取。或下而取　大國不過欲。兼畜人

小國。以下大國。則取大國

以靜爲下　故大國。以下小國。則取小國。

大國者下流。天下之交。天下之牝。牝常以靜勝牡。

DAS TAO IN FÜHRERN

Das Tao ist Zuflucht für alle Dinge,
Ist Schatz den Guten
Und Schutz den Nichtguten.

Ehre läßt sich erkaufen mit glänzenden Worten;
Andere lassen sich binden durch feines Auftreten.
Wenn also manche nicht gut sind,
Warum sie vergeuden?

Nicht anders wird der Kaiser eingesetzt,
Werden die drei Beamten bestallt.
Und obwohl der großen Jadescheibe
Ein Gespann Pferde vorausgeht,
Ist dies nicht so gut, wie dazusitzen
Und im Tao voranzukommen.

Warum schätzten die Alten das Tao?
Sagten sie nicht:
Such es, und es wird dein;
Sei behaftet mit Fehlern, und du wirst ihrer ledig?
Darum ist es der Schatz der Welt.

In Organisationen besteht die Aufgabe des Führers darin, allen Mitgliedern zu helfen, die ihnen angemessene Rolle zu finden, und sie allesamt dem Fortschritt und der Erfüllung zuzuführen. Selbst wenn manche Menschen sich als unzulänglich oder ungebildet erweisen, stellt Laotse die Frage: »Warum sie vergeuden?« Ein reifer Führer wird für die notwendige Ausbildung jedes einzelnen in der Organisation sorgen. Auf diese Weise werden alle Mitglieder zu integralen Bestandteilen der Organisation, und zugleich etabliert sich die Position des Führers (»wird der Kaiser eingesetzt«). Um diese Position aufrechtzuerhalten, legt ein reifer Führer kein besonderes Gewicht auf die materiellen Vorteile und die spektakulären Erscheinungsformen der Führerschaft, denn diese würden nur dazu dienen, seine Welt von der Welt der ihm Anvertrauten abzutrennen. Für die Not der Menschen kann ein solcher aufs Äußere bedachte Führer nicht Abhilfe schaffen. Reife Führer blicken vielmehr nach innen, um die Grundtendenz der sozialen Evolution (das Tao) zu erahnen. Auf diese Weise geleiten sie die Menschen auf den richtigen Pfad, und es unterlaufen ihnen keine Fehler.

Der Ausdruck *Zuflucht (ao)* bezieht sich auf die Südwestecke des Hauses, in der kostbare Dinge aufbewahrt werden. Dieser Brauch geht auf das *Feng Shui,* die Technik der Geomantie in der frühen chinesischen Baukunst, zurück.

62

道者萬物之奧。善人之寶。不善人之所保
美言可以市尊。善行可以加人。人之不善。何棄之有？
故立天子。置三公。雖有拱璧。
以先駟馬。不如坐進。此道　古之所以貴此道者？
何不曰。以求得。
有罪以免邪？故爲天下貴

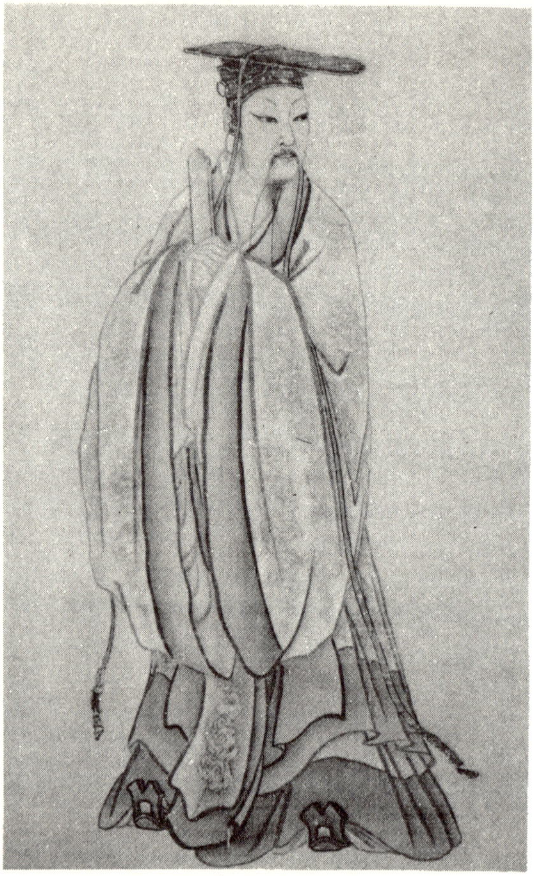

KÖNIG YU AUS DER HSIA-DYNASTIE

Während der Herrschaft des mythischen Kaisers Yao von 2357 bis 2205 v. Chr. wurde China von verheerenden jahreszeitlichen Überschwemmungen heimgesucht. Kaiser Yao betraute Yus Vater mit der Verantwortung für die Regulierung der Flüsse Chinas durch eine Reihe von Deichen. Nach neun Jahren angestrengter Arbeit war er endgültig gescheitert. Der nächste Kaiser, Shun, bat Yu, die Arbeit seines Vaters fortzusetzen, und Yu übernahm das Projekt, packte es aber anders an. Statt gegen die Flüsse anzukämpfen, ließ er sie tiefer ausgraben und kanalisieren, so daß sie leichter ihr Ziel, das Meer, erreichen konnten, und auf diese Weise brachte er das Hochwasser unter Kontrolle.

Um sein Werk zu vollenden, bereiste Yu 13 Jahre lang das ganze Land. Er nahm seine Aufgabe so ernst, daß er dreimal durch seinen Heimatort kam, ohne sein Haus auch nur einmal zu betreten. Auch beobachtete er sorgfältig die Bevölkerung, der bereisten Gebiete und setzte jeweils Art und Höhe der Abgaben fest, die sie dem Hof entrichten sollte. Als Belohnung für seine hervorragenden Dienste dankte Kaiser Shun zu seinen Gunsten ab. König Yu gründete die Hsia-Dynastie und regierte von 2205 bis 2197 v. Chr. Noch im heutigen China ist König Yus Geburtstag, der auf den 6. Juni fällt, als »Tag des Ingenieurs« bekannt.

Nationales Palastmuseum Taipei, Taiwan

DER PFAD DES GERINGSTEN WIDERSTANDES

Handle, ohne zu tun; sei tätig ohne Mühe.
Schmecke, ohne Geschmack zu finden.
Mach groß das Kleine; vermehre das Wenige.
Vergelte Böswilligkeit mit Wohlwollen.

Plane das Schwierige, wenn es leicht ist;
Handhabe das Große, wo es klein ist.
Das schwerste Werk auf Erden beginnt, wenn es leicht ist;
Die größte Mühe auf Erden beginnt, wo sie klein ist.
Reife Menschen schließlich werden nie tätig im Großen,
Und solcherart wird das Große erreicht.

Wer leicht verspricht, weckt wenig Vertrauen.
Wie leicht, das Schwierige zu wecken!
Deshalb gilt den Reifen alles als schwer;
Und nichts fällt ihnen schwer am Ende!

Wenn reife Menschen auf einen laufenden Prozeß Einfluß nehmen müssen, werden sie ihre Energie auf seinen schwächsten und empfänglichsten Punkt richten. Hat ihr Einfluß dann gewirkt, so wissen sie, daß sich die Schwäche an einen anderen Punkt verlagern wird. Sie bleiben ihr auf der Spur. Nie sehen sie sich unvermittelt mit einem gewaltigen Problem konfrontiert. Genau wie ein Fluß seinen Weg durch ein Tal voller Felsgestein findet, bahnen sie ihren Weg um Widerstandsbereiche herum und wissen, daß sie diese letztendlich zermürben werden. So kann ein ganzer Prozeß mit kleinen, die direkte Konfrontation umgehenden Handlungen beeinflußt und unter Kontrolle gebracht werden. Da reife Menschen die Dinge ernst nehmen, erwecken sie Vertrauen und räumen Widerstand aus; da sie subtil vorgehen, sind ihre Handlungen auf angemessene Weise zurückhaltend und stören nicht den naturgemäßen Zyklus der Geschehensabläufe. Auf diese Weise vermeiden sie Gegenreaktionen und erreichen dadurch ihre Ziele.

63

爲無爲事無事。味無味。大小多少。報怨以德　圖難於其易。爲大於其細。
天下難事必作於易。天下大事必作於細。是以聖人終不爲大。故能成其大
夫輕諾必寡信。多易必多難。是以聖人猶難之。故終無難矣

DIE KRAFT IM ANFANG

In Ruhe Befindliches ist leicht zu halten;
Noch nicht Begonnenes ist leicht zu planen.
Dünnes ist leicht zu schmelzen;
Winziges ist leicht zu zerstreuen.
Befaß dich mit Dingen, eh' sie sich zeigen;
Bring sie in Ordnung, eh' Unordnung herrscht.

Ein Baum von mehreren Spannen Umfang erwächst aus einem zarten Sproß.
Ein Turm von neun Stockwerken ersteht aus einem Haufen Erde.
Eine Reise von tausend Meilen beginnt mit einem Schritt.

Wer auf Dinge einwirkt, verdirbt sie;
Wer Dinge ergreift, verliert sie.
Also tun reife Menschen nichts;
So verderben sie nichts.
Sie ergreifen nichts;
So verlieren sie nichts.

Oft verderben Menschen ihr Werk an der Schwelle seiner Vollendung.
Mit Sorgfalt am Ende wie auch am Anfang wird man kein Werk verderben.
Also streben reife Menschen nach Wunschlosigkeit
Und schätzen keine schwer erschwinglichen Güter.
Sie lernen ohne Gelehrsamkeit
Und kehren dorthin zurück, wo das kollektive Bewußtsein herkommt.
Auf diese Weise unterstützen sie alle Dinge naturgemäß
Ohne Wagnis des Handelns.

Hier geht es um die Kontrolle, die man in weltlichen Geschehensabläufen durch den Einsatz strategischer Nichteinmischung erlangen kann. Dieser Vorstellung liegt ein Prinzip zugrunde, das innerhalb der Physik eine zentrale Rolle spielt: Jede Aktion erzeugt eine Reaktion; je gewaltsamer die Aktion erfolgt, desto stärker ist im Endeffekt die Gegengewalt. Deshalb werden gewaltsame Handlungen entweder den Menschen, der die Gewalt ausübt, neutralisieren, oder sie werden die Situation, auf die eingewirkt wird, hoffnungslos verderben. Aus diesem Grund steuern und kontrollieren reife Menschen die Geschehensabläufe, indem sie ein Gespür dafür entwickeln, wo und wann diese im Entstehen begriffen sind. So können sie immer dann handeln, wenn die Dinge sich noch in ihrem kleinsten, einfachsten und schwächsten Stadium befinden. Gleichzeitig können sie die günstigste Position einnehmen, um die Ereignisse bis zu ihrer Vollendung zu steuern. Das Gespür, das das Entstehen von Geschehensabläufen anzeigt, kann man entwickeln, wenn man sich nicht von exzessiven Wünschen blenden oder von dogmatischem Denken lähmen läßt. Wer solchen Einschränkungen nicht unterliegt, kann seine intuitiven Kräfte zur Lenkung der ihn umgebenden Welt benutzen.

64

其安易持。其未兆易謀。其脆易泮。
其微易散。爲之於未有。治之於未亂
合抱之木生於毫末。九層之臺起於累土。千里之行始於足下
爲者敗之。執者失之。是以聖人無爲。故無敗。無執。故無失
民之從事常於幾成而敗之。愼終如始。則無敗事　是以聖人欲不欲。
不貴難得之貨。學不學。復衆人之所過。以輔萬物之自然。而不敢爲

ORGANISATION

Das Schriftzeichen für Organisation (國) *stellte ursprünglich den Grundbesitz einer mächtigen Person dar. Ein großes Viereck* (冂) *kennzeichnet die Abgrenzung. Darinnen befindet sich Land* (一), *das von einem Hauptwohnsitz aus* (口) *verwaltet und mit der Waffe* (戈) *verteidigt wird. Bei der Waffe handelt es sich um eine Hellebarde, die aus einer Stange mit einem Halbmond an der Spitze* (乚), *einem Querstab* (一) *und einer herabhängenden Schlaufe* (丿) *besteht. Das Schriftzeichen für Organisation wird im allgemeinen zur Bezeichnung eines Landes oder Staates verwendet.*

GEFÄHRDUNG DURCH KLUGHEIT

Die im alten Tao Bewanderten
Fallen den Menschen nicht ins Auge.
Einfachen Sinnes scheinen sie zu sein.

Schwer zu führen sind die Menschen,
  Weil sie zu klug sind.
Führt man folglich die Organisation mit Klugheit,
  Wird es der Organisation schaden.
Führt man die Organisation ohne Klugheit,
  Wird es der Organisation nutzen.

Wer um diese zwei Dinge weiß,
  Hat die Grundmuster des Absoluten erkundet.
Die Grundmuster zu wissen und sie zu erkunden,
  Das nennt man die subtile Kraft.

Die subtile Kraft ist tiefgreifend und weitreichend.
Gemeinsam mit dem Naturgesetz der Polarität
Führt sie zur großen Harmonie.

Führer, die die Menschen mit wohldurchdachten Strategien unter Druck setzen, verursachen Reaktionen, die die Struktur der Organisation untergraben. Denn kluge Strategien finden in den Menschen ihre dementsprechende Resonanz und lösen deren eigene listenreiche Gegenmaßnahmen aus. Wenn Führer statt dessen die Organisation mit Einfachheit und Direktheit lenken, wird die den Menschen angeborene Klugheit unschädlich gemacht. Unkomplizierte und direkte Führerschaft erweist sich als äußerst effektiv, wenn sie sich einsichtig den allgemeinen Entwicklungstendenzen in der umgebenden Welt anpaßt. Aus diesem Grund ist es für Führer unerläßlich, sowohl die jeweils herrschenden Grundmuster in der Gesellschaft als auch die konstanten Gesetze in der Natur sorgfältig zu studieren.

65

古之善爲道者。非以明民。將以愚之 民之難治。以其智多。
故以智治國。國之賊。不以智治國。國之福。知此兩者。
亦稽式常。知稽式。是謂玄德 玄德深矣遠矣。與物反矣。乃至大順

KAISER K'ANG HSI

Kaiser K'ang Hsi (1655–1723) wurde im Alter von acht Jahren Thronfolger und trat mit 15 die Regentschaft an. Seine verständnisvolle, einfühlsame Staatsführung machte ihn bei seinem Volk beliebt, und obwohl er persönlich anspruchslos war, gab er große Summen für öffentliche Werke aus. In regelmäßigen Abständen bereiste er das Reich, um sich genauestens über das Wohlergehen seines Volkes zu informieren; und während der 61 Jahre seiner Regierung nahmen Friede und Wohlstand im Reich derart zu, daß die steuerlichen Abgaben mehrmals erlassen werden konnten.

K'ang Hsis Intelligenz und Forschergeist waren überragend; seine literarischen Unternehmungen und gleicherweise sein Sinn für die Bedeutsamkeit der Geschichtsschreibung machten ihn zu einer der glanzvollsten Führerpersönlichkeiten Chinas. Er brachte ein voluminöses Wörterbuch mit über 40000 Schriftzeichen heraus und ließ zwei reich illustrierte Enzyklopädien über Leben und Brauchtum in China zusammenstellen. Weil er der Überzeugung war, daß kulturelles Wissen der Festigung und dem Schutz des Reiches dienlich sei, begann K'ang Hsi auch mit der Erstellung eines riesenhaften Kompendiums der chinesischen Literatur, das über 10000 Kapitel umfaßte.

Percival David Foundation of Chinese Art, London

66

DIE KRAFT IM SICH-NIEDRIG-HALTEN

Die Ströme und Meere führen die hundert Flüsse,
Weil sie Meister sind im Sich-niedrig-Halten.
So können sie die hundert Flüsse führen.

Deshalb: Um sich zu erheben über die Menschen,
Muß man sich ausdrücklich niedriger halten als sie.
Um den Menschen voranzugehen,
Muß man sich hinter sie stellen.

Deshalb bleiben reife Menschen oben,
Und doch drückt nichts die andern zu Boden.
Sie bleiben vorn,
Und nichts hält die andern zurück.

Deshalb erwählt sie willig die Welt
Und lehnt sie nicht ab.
Weil sie sich mit niemandem messen,
Kann die Welt sich mit ihnen nicht messen.

In diesem Kapitel entwirft Laotse ein demokratisches Ideal, das heute weitaus akzeptabler ist, als es in China vor zweieinhalb Jahrtausenden war. Reife Führer gewinnen das Vertrauen und die Unterstützung der Menschen durch die vollständige Identifikation mit ihnen. Die Interessen der Menschen werden auf natürliche Weise gefördert, weil der Führer sie zu seinen eigenen Interessen macht. Wenn aus den Worten und Taten der Führer klar hervorgeht, daß sie sich gegenüber denen, die sie führen, nicht als höherstehend einstufen, dann sehen die Menschen sich selbst in ihren Führern und werden ihrer nie überdrüssig.

江海所以能爲百谷王者。以其善下之。故能爲百谷王　是以欲上民。
必以言下之。欲先民。必以身後之　是以聖人處上。而民不重。處前。
而民不害　是以天下樂推。而不厭。以其不爭。故天下莫能與之爭

DIE KRAFT IM MITLEID

Alle Welt hält mein Tao für groß;
Und doch scheint es unbegreiflich.
Nur seine Größe läßt es unbegreiflich scheinen.
Könnte man sich einen Begriff davon machen,
Wär' es längst schon bedeutungslos geworden.

Drei Schätze hab' ich, die stützen und schützen:
    Der erste ist Mitleid.
    Der zweite ist Mäßigung.
    Der dritte ist der Mut, nicht der Erste auf Erden zu sein.

Mit Mitleid wird man mutig;
  Mit Mäßigung wird man großzügig.
Wenn man wagt, nicht der Erste auf Erden zu sein,
    Wird man zum Werkzeug der Führerschaft.

Ist man nun mutig ohne Mitleid
    Oder großzügig ohne Mäßigung
Oder der Erste, ohne sich zurückzuhalten,
    So ist man verloren!

Mitleid siegt immer, wenn man es angreift;
    Sicherheit bringt es, wenn man es hochhält.
Die Natur steht ihren Führern bei,
    Indem sie sie wappnet mit Mitleid.

Die drei Schätze – Mitleid, Mäßigung und der Mut, nicht der Erste auf Erden zu sein – sind die emotionalen Grundlagen der Methode Laotses. Die soziale Stellung ebenjener Führer, die am mitfühlendsten sind, wird von Dauer sein. Mitleid ist eine geheimnisvolle geistige Wirkkraft, die die Realität in ergreifender Weise auf das Gemüt einwirken läßt; seinerseits kann das Gemüt nun auf die Realität einwirken. Mitfühlende Führer sind fähig, Entscheidungen mit Voraussicht und kreativer Phantasie zu treffen. Also haben sie Erfolg.
Laotse beginnt dieses Kapitel mit einem Paradox – der Vorstellung, etwas könne so groß (so allgegenwärtig und tiefgründig) sein, daß es unbegreiflich wird. Er weist darauf hin, daß alles, was vom Verstand vollständig begriffen und angewandt werden kann, klein und manipulierbar wird. Aber wahre Kraft erwächst nicht aus der Beherrschung des Kleinen und Manipulierbaren. Kraft erwächst aus der bewußtseinserweiternden Übung, das Unbegreifliche zu begreifen.

Das Wort *Natur* kann auch mit »Himmel« wiedergegeben werden. Es bezeichnet die äußere Realität, die unabhängig von der menschlichen Sphäre zu funktionieren scheint.

67

䷒

夫慈以戰則勝。以守則固。天將救之。以慈衞之
今舍慈且勇。舍儉且廣。舍後且先。死矣
慈故能勇。儉故能廣。不敢爲天下先。故能成器長
夫我有三寶持而保之。一曰慈。二曰儉。三曰不敢爲天下先
夫唯大故似不肖。若肖。久矣其細也
天下皆謂我道大。似不肖。

LAOTSE

Der Name Laotse *besteht aus den Schriftzeichen für alt (老) und für Kind (子). Das Schriftzeichen für Lao zeigt eine Person (人), deren Haar und Bart (毛) sich verändert haben (匕). Tse wurde ursprünglich durch das Ideogramm eines Kindes mit ausgestreckten Armen und Beinen dargestellt (*  *), später aber zu dem eines auf der Seite liegenden Wickelkindes mit ausgebreiteten Armen (子) abgewandelt.*

68

NICHTAGGRESSIVE STÄRKE

Ein guter Führer gebraucht nicht Gewalt.
Ein guter Kämpfer empfindet nicht Zorn.
Ein guter Gewinner läßt den Verlierer in Ruhe.
Ein guter Dienstherr hält sich niedrig.

Dies nennt man die Kraft im Nichtstreiten.
Dies nennt man die Stärke im Umgang mit andern.
Dies nennt man die höchste Nachahmung der Natur.

Laotse war überzeugt, daß jene die fähigsten und letztendlich mächtigsten Führer sind, die Bescheidenheit, subtile Zurückhaltung und Gelassenheit praktizieren. Sie sind nicht aggressiv und haben kein Bedürfnis, sich immer wieder neu zu bestätigen. Die Kraft in der Bescheidenheit und die Stärke im Mitleid wird es guten Führern ermöglichen, andere zu organisieren und ein kollektives Ziel ohne den offenen Einsatz von Mitteln zu erreichen. Daher entfalten sich Geschehensabläufe naturgemäß, ohne zersetzende Gegenreaktionen.

是謂不爭之德。是謂用人之力。是謂配天古之極
善用人者爲之下
善爲士者不武。善戰者不怒。善勝敵者不與。

LAOTSE, STEINGRAVUR

69

用兵有言。吾不敢爲主。而爲客。不敢進寸。而退尺
是謂行無行。攘無臂。扔無敵。執無兵
禍莫大於輕敵。輕敵幾喪吾寶。故抗兵相加。哀者勝矣

DIE ESKALATION AUFHALTEN

Bei den Strategen heißt es:
»Ich wage nicht, den Herrn zu spielen,
Vielmehr trete ich auf als Gast.
Ich wage nicht, einen Zoll vorzurücken,
vielmehr weiche ich einen Fuß zurück.«

Dies nennt man:
Sich fortbewegen, ohne sich zu rühren,
Sich zur Wehr setzen ohne Arme,
Planen ohne Widerstand,
Erobern ohne Strategien.

Kein Verhängnis ist größer, als Widerstand zu unterschätzen;
Widerstand unterschätzen zerstört meine Schätze.
Drum, wenn einander widerstreitende Strategien eskalieren,
Obsiegt die Seite, die Leid empfindet.

Laotse betrachtete den Konflikt gegensätzlicher Ideologien als ein Faktum der sozialen Evolution, aber er machte zugleich die Beobachtung, daß manche Ideologien ins Bewußtsein der Menschen formend eingreifen, während andere verhängnisvolle Gegenreaktionen auslösen. Er erkannte genau, daß der Widerstand gegen Ideen überwunden werden kann; aber nur, wenn indirekte Methoden angewendet werden, kommt es zu einer anhaltenden Wirkung. Er nannte dies »Erobern ohne Strategien«. Aus diesem Grund würde sein Stratege eher »einen Fuß zurückweichen« als »einen Zoll vorrükken«. Im umgekehrten Fall, wenn man anderen durch Anwendung von Aggression eine Ideologie aufzudrängen versucht, erfolgt auch die Reaktion darauf unvermittelt: Strategie wird mit Strategie erwidert, Waffe wird gegen Waffe eingesetzt; die Spannung zwischen den Kontrahenten eskaliert immer mehr. Laotse fürchtete dieses vertraute Grundmuster und klagte: »Widerstand unterschätzen zerstört meine Schätze.« Gemeint sind die drei Schätze: Mitleid, Mäßigung und der Mut, nicht der Erste auf Erden zu sein. Wie kann man Eskalation aufhalten? Laotse glaubte, daß die Seite, die sozial genügend weit entwickelt ist, um unter der betreffenden Konfliktsituation zu leiden, letztendlich auch der ideologische Sieger bliebe.

WISSEN/VERSTEHEN

Das Schriftzeichen für wissen/verstehen (知) *ist eine Variante des alten Piktogramms für einen Pfeil (* 矢 *), kombiniert mit dem Piktogramm für Mund (* 口 *). Es besagt, daß Menschen mit Verständnis imstande sind, ihren Mund mit der Treffsicherheit eines Pfeils zu gebrauchen, der sein Ziel erreicht.*

DAS TAO VERSTEHEN

70

Meine Worte sind sehr leicht zu verstehen,
Sehr leicht zu befolgen.
Aber die Welt ist unfähig, sie zu verstehen,
Unfähig, sie zu befolgen.

Meine Worte haben einen Ursprung,
Meine Taten sind meisterhaft.
Freilich, da keiner dies versteht,
Versteht auch keiner mich.
Die wenigen, die mich verstehn,
Müssen mich hochschätzen.

Darum tragen reife Menschen
Eine Hülle aus grobem Tuch
Über einem Kern aus kostbarer Jade.

Die Besonderheit von Laotses Philosophie liegt darin, daß sie sich logischer Analyse hartnäckig widersetzt, sich jedoch intuitivem Verstehen ohne weiteres erschließt. In diesem Kapitel richtet er sich, mit der Stimme des Tao, direkt an den Leser. Im alten China konnten nur die herrschende Kaste und der Gelehrtenstand lesen, über seine möglichen Adressaten war sich Laotse also völlig im klaren. Er nimmt an, daß seine Leser das Buch nicht in Händen hielten, wenn sie nicht dazu ausersehen wären, auf die Welt einzuwirken. Er hoffte, das Bewußtsein von Führerpersönlichkeiten mit einem intuitiven Wissen zu durchdringen, das es diesen ermöglichen würde, in die Zukunft zu blicken und die Evolution der Gesellschaft wahrzunehmen. Er war überzeugt, daß sie daraus die Kraft schöpfen würden, ein mitfühlendes Verständnis ihrer selbst und ihrer Untergebenen zu entwickeln.

Den wenigen, die seine Worte tatsächlich verstehen, übermittelt Laotse eine seiner wichtigsten Strategien für Führer. Er rät ihnen, ihre Vorzüge mit Schlichtheit, einer »Hülle aus grobem Tuch«, zu umgeben. Die Anhänger des Tao machen Schlichtheit zu einem Prinzip ihres Lebens, indem sie sich von der Knechtschaft des Materialismus und dem starren Reglement ausgeklügelter Sozialstrategien befreien. Sie erfahren einen hohen Grad an persönlicher Freiheit und geistiger Unabhängigkeit und erneuern auf diese Weise ständig ihre intuitive Überlegenheit: den »Kern aus kostbarer Jade«.

吾言甚易知。甚易行。天下莫能知。莫能行
言有宗。事有君。夫唯無知。是以不我知。
知我者希。則我者貴　是以聖人。被褐。懷玉

KRANKHEIT

Das Schriftzeichen für Krankheit (病) *setzt sich aus mehreren Elementen zusammen. Der erste Teil war ursprünglich ein Baum, der in der Mitte gespalten ist (木) und dessen linke Seite (爿) breit und fest genug ist, um ein Bett zu bilden. Auf diesem Bett liegt (一) jemand, der an Fieber (丙) leidet; letzteres Ideogramm enthält die Bildkürzel für Feuer (火) im Haus (宀).*

71

DIE KRANKHEIT ERKENNEN

Zu wissen, daß man nichts weiß, ist das Beste.
Vom Wissen nichts zu wissen ist eine Krankheit.

Wahrlich: Durch Leiden an der Krankheit
Hält man sich frei von der Krankheit.

Reife Menschen sind frei von der Krankheit,
Weil sie leiden an der Krankheit.

Nur so hält man sich frei von Krankheit.

Reife Menschen sind sich stets im klaren, daß es etwas gibt, das sie nicht wissen. Nach taoistischer Auffassung ist es äußerst verhängnisvoll, sich seiner Unwissenheit nicht bewußt zu sein, gleichgültig ob dies nun weltliche Angelegenheiten, zwischenmenschliche Beziehungen oder das eigene Ich betrifft. Jene, die persönliche Kraft entfalten, lernen anzuerkennen, daß es eine sich fortwährend entwickelnde Welt an Informationen gibt, die zu erfahren ihnen noch bevorsteht. Diese Haltung ist für die persönliche Entfaltung reifer Menschen von allergrößter Bedeutung. Sie befreit sie vom Verfall, der von zu großer Fülle und einem Vollendetsein herrührt, das kein weiteres Wachstum mehr zuläßt.

聖人不病。以其病病
夫唯病病。是以不病
知不知上。不知知病

是以不病

DIE KAISERIN MA

Die Kaiserin Ma (1332–1382) und ihr Gatte, Kaiser T'ai Tsu, waren die Begründer der Ming-Dynastie. Ihr phantastischer Aufstieg aus dem Armenstand zu Begründern eines großen Reiches hat in der chinesischen Geschichte nicht seinesgleichen. Auch die historische Situation war einzigartig: Der Aufstieg der Ming-Dynastie bedeutete die Wiederherstellung chinesischer Herrschaft nach einem Jahrhundert mongolischer Fremdbestimmung. Kaiser T'ai Tsu war zutiefst vertraut mit den Bedürfnissen des einfachen Volkes und vereinigte mehr Macht auf sich als alle anderen Monarchen in der chinesischen Geschichte. Er leitete die Wiederherstellung der chinesischen Kultur ein und nahm den Wiederaufbau von Chinas Brücken, Tempeln, Gärten und befestigten Städten in Angriff.

Die Kaiserin Ma stand im Ruf, eine ergebene Gattin und Vertraute ihres Mannes zu sein. Sie galt als weise, liebenswürdig und gerecht; und sie lehnte, womöglich aufgrund ihrer nichtadligen Herkunft, die Verleihung jeglicher Amtstitel an ihre Verwandtschaft strikt ab, ausgenommen den Prinzentitel für ihren verstorbenen Vater. Ihr lagen insbesondere die Menschen ihrer unmittelbaren Umgebung am Herzen, und stets versuchte sie, das leidenschaftliche Temperament ihres Gatten zu besänftigen. Als der Kaiser sie an ihrem Totenbett nach ihren letzten Wünschen fragte, soll sie erwidert haben: »Mögen Eure Majestät nach dem streben, was gut ist, sich der Kritik zugänglich zeigen und am Ende gleiche Sorgfalt walten lassen wie am Anfang.«

Nationales Palastmuseum, Taipei, Taiwan

72

DIE RECHTE SICHT DER DINGE

Wenn die Menschen die Autorität nicht fürchten,
Dann wird die Autorität wachsen.
Behandle die Leute nicht mit Geringschätzung;
Verwirf nicht ihr Leben.
Wahrlich, weil man sie nicht verwirft,
Verwerfen auch sie nicht.

Deshalb kennen reife Menschen sich selbst,
Aber stellen sich selbst nicht zur Schau.
Sie lieben sich selbst,
Aber hängen nicht an sich selbst.

Also: Sie geben das eine auf und empfangen das andre.

Reife Führer werden in diesem Kapitel dazu ermuntert, den gefühlsmäßigen Abstand zwischen ihrem eigenen sozialen Rang und dem Rang jener, die sie führen, weitestgehend zu verringern. Auf diese Weise lassen sich die psychologischen Bedürfnisse der Menschen besser verstehen, und die Entscheidungen der Führer sind stärker an diesen Bedürfnissen orientiert. Laotse war überzeugt, daß die Autorität um so effektiver wird, je weniger die Menschen die reale Verkörperung der Autorität fürchten oder überhaupt wahrnehmen. Um diese angemessene Haltung zu entfalten und zu bewahren, sollten sich Führer eng mit den von ihnen Geführten identifizieren. Wenn sie ihren höheren Rang nicht herauskehren und zur Geltung bringen, werden sie Selbsterkenntnis erlangen. Überdies werden sie, indem sie jedes Empfinden für eine wie immer beschaffene Wichtigkeit ihrer selbst abschütteln, Selbstliebe und inneren Frieden finden.

民不畏威。則大威至。無狎其所居。無厭其所生。夫唯不厭。是以不厭。是以聖人自知。不自見。自愛。不自貴。故去彼取此

NATUR

Natur (天) *wird durch das Ideogramm für Himmel bezeichnet. Die stehende menschliche Gestalt (* 人 *) mit ihren ausgestreckten Armen (* 大 *) bestimmt ihren Platz im Universum. Oberhalb der menschlichen Gestalt und sie übersteigend (* 一 *) herrscht die größere Wirkkraft des Kosmos, die die Lebensrhythmen vervollkommnet und überwacht.*

73

DER WEG DER NATUR

Wer Mut hat zum Wagnis, wird sterben;
Wer Mut hat zum Nicht-Wagnis, wird fortbestehen.
Jeder der beiden mag nützen oder schaden.

Die Natur entscheidet, welcher schlecht ist,
Aber wer will wissen, warum?
Selbst reife Menschen halten dies für schwierig.

Das Tao in der Natur
Streitet nicht
Und siegt doch meisterlich.
Spricht nicht
Und antwortet doch meisterlich.
Ruft nicht zu sich
Und zieht doch an sich.
Beeilt sich nicht
Und gestaltet doch meisterlich.

Das Netz der Natur ist endlos weit, so weit.
Sein Maschenwerk ist grob, doch nichts schlüpft hindurch.

Nach taoistischer Auffassung gilt der Weg der Natur als Verhaltensideal schlechthin. Seinem Grundmuster muß folgen, wer sich auf dem Pfad des geringsten Widerstandes, also im Einklang mit dem Tao, bewegen will. In diesem Kapitel wird die Natur als ein unermeßliches Netz geschildert – ein einheitliches Feld physikalischer Gesetze –, das alle Handlungen, alle Gedanken und alle Naturerscheinungen beeinflußt. Nichts entgeht den Gesetzen der Natur, und nichts entgeht der Beobachtung und Reaktion der Natur. Das Tao in der Natur ist intelligent und mächtig. Es verwirklicht seinen Plan ohne Mühe, und es antwortet auf potentiell destabilisierende Extreme mit unabänderlicher Präzision.

不言而善應。不召而自來。繟然而善謀 天網恢恢。疏而不失
天之所惡。孰知其故？是以聖人猶難之 天之道。不爭而善勝。
勇於敢則殺。勇於不敢則活。此兩者或利或害

LAOTSE, AUF EINEM OCHSEN REITEND

Nationales Palastmuseum, Taipei, Taiwan

74

UNNATÜRLICHE AUTORITÄT

Wenn die Menschen den Tod nicht fürchten,
Wie kann man sie mit dem Tode bedrohen?
Gesetzt, die Menschen fürchten den Tod und fügen sich doch nicht.
Wer wagte sie wohl zu ergreifen und zum Tod zu befördern?

Immer gibt es den Henkersmeister, der tötet.
Statt des Henkersmeisters zu töten
Heißt, statt des Zimmermeisters Holz zu behauen.
Wer statt des Zimmermeisters das Holz behaut,
Entgeht nur selten einer Verletzung der Hände.

Laotse glaubte, daß die Menschen von Natur aus gut sind; soll dieser Zustand aufrechterhalten werden, dann brauchen sie persönliche Freiheit, vor allem aber ein Leben, das frei von der Einmischung der Oberen ist. Wenn die Strukturen der Organisation, innerhalb derer die Menschen leben und arbeiten, schwer erträglich werden, dann fürchten die Menschen beim Streben nach Freiheit den Tod nicht mehr.
Die Metaphern von Henkersmeister und Zimmermeister in diesem Kapitel verweisen auf Gesetze in der Natur, die sich über alle zeitgebundenen sozialen Systeme hinwegsetzen. Nach taoistischer Auffassung ist das Töten eines Menschen – ob es nun innerhalb oder außerhalb des Gesetzes erfolgt – ein unnatürlicher Akt, der letztendlich die Sozialstruktur zerstört. Ebenso wird ein Führer sich selbst schaden, wenn er sich eine Machtbefugnis anmaßt, die weder in ihm selbst noch in der Organisation verankert ist. Alle Gesetze, Restriktionen oder Strafen, die das natürliche Wachstum und die unabhängige Entfaltung des menschlichen Bewußtseins hemmen, werden sowohl die Organisation wie auch ihre Führer vernichten.

民不畏死。奈何以死懼之？若使民常畏死而爲奇者。
吾得執而殺之孰敢？常有司殺者殺。夫代司殺者殺。
是謂代大匠斲。夫代大匠斲者。希有不傷其手矣

UNGLÜCK

»Unglück kommt durch Lippen und Zunge«, lautet ein altes chinesisches Sprichwort. Es besagt, daß man sich Unannehmlichkeiten oft selbst zuzuschreiben hat. Das Schriftzeichen für Unglück (凶) *zeigt einen Menschen* (人), *der kopfüber* (乂) *in eine Grube* (凵) *fällt.*

75

SELBSTZERSTÖRERISCHE FÜHRUNG

Die Menschen hungern.
Weil die Oberen zuviel an Steuern verzehren,
Hungern die Menschen.

Die Menschen sind schwer zu führen.
Weil die Oberen störend auf sie einwirken,
Sind die Menschen schwer zu führen.

Die Menschen nehmen den Tod leicht.
Weil die Oberen zu sehr auf ihren Fortbestand bedacht sind,
Nehmen die Menschen den Tod leicht.

Wahrlich, ebenjene, die nicht störend einwirken auf das Leben,
Sind imstande, das Leben hochzuschätzen.

Laotse verfaßte das *Tao Te King* in einer Epoche, während deren die einzelnen Staaten Chinas um die politische Vorherrschaft wetteiferten. Bei der Beobachtung der Herrscher und des Lebens ihrer Untertanen erkannte er ein Grundmuster, das er in diesem Kapitel schildert. Unreife Führer neigen dazu, eine tiefe Angst zu entwickeln, sie könnten ihre Vormachtstellung verlieren; und diese Angst verwechseln sie mit den Interessen der Organisation. Folglich ergreifen sie besondere defensive Maßnahmen »zum Schutze« der Organisation; und sie erlassen belastende Statuten, die den Lebensunterhalt der Menschen beschneiden. Die Menschen bezahlen für die Ängste ihrer Führer und bekommen dadurch nicht genug zu essen. Sie gewöhnen sich an die Tötung anderer Menschen und entwickeln eine zunehmende Verachtung gegen ihre Führer. Laotse betont, daß Organisationen, die störend auf die Instinkte ihrer Mitglieder einwirken und deren elementare Bedürfnisse nicht berücksichtigen, sich nicht langfristig halten können.

民之饑。以其上食稅之多。是以饑　民之難治。
以其上之有爲。是以難治　民之輕死。以其求生之厚。是以輕死
夫唯無以生爲者。是賢於貴生

K'UO PI: BAMBUS IM SCHNEE

Nach chinesischer Überlieferung ist der Bambus aufgrund seiner großen Stärke, seiner Nutzbarkeit und seiner Fähigkeit, im Winter zu grünen und zu blühen, ein Sinnbild für Langlebigkeit. Er ist die am vielseitigsten verwendbare Pflanze und wird in China zur Gewinnung von Nahrung, Papier, Baumaterial und Medizin genutzt. Die tausendein Gebrauchsmöglichkeiten des Bambus wurden in einem Klassiker des dritten Jahrhunderts, dem Traktat über den Bambus (Chu P'u), *aufgezählt.*

Bambus war immer ein bevorzugtes Sujet für Kalligraphen und Maler, denn seine geschmeidige und anmutig nuancierte Biegsamkeit bietet dem Künstler ein Medium für die Darstellung der Wirkungen unsichtbarer Naturkräfte, etwa des Windes. Der Künstler K'uo Pi (1301 bis 1335) war ein begabter Kalligraph, der mit Pinsel und Tusche überragende Gestaltungen des Bambus-Themas schuf.

Nationales Palastmuseum, Taipei, Taiwan

76

DIE KRAFT IN DER ANPASSUNGSFÄHIGKEIT

Lebend ist der Mensch nachgiebig und empfänglich.
Sterbend ist er starr und unbeugsam.
Alle Dinge, das Gras und die Bäume:
Lebend sind sie nachgiebig und zart;
Sterbend sind sie trocken und verdorrt.

Wer also hart und starr ist,
Stimmt mit dem Sterben überein.
Wer nachgiebig und empfänglich ist,
Stimmt mit dem Leben überein.

Daher wird eine starre Strategie nicht siegen;
Ein starrer Baum wird gefällt.
Der hochgradig Starre wird im Rang absinken;
Der Nachgiebige und Empfängliche wird im Rang emporsteigen.

Durch ihre Beobachtung der Natur wissen die Anhänger des Tao, daß auf Erden dasjenige überlebt, das sich leicht an die sich verändernden Bedingungen der Umwelt anpaßt. Weil das Universum sich in ständiger Evolution befindet, entfalten und wandeln sich alle Dinge in ihm. Jede Art Starre, sei es die von Wertsystemen, von Verhaltensmustern oder selbst von körperlichen bzw. geistigen Ernährungsgewohnheiten, kann einen dazu veranlassen, auf Außenweltreize in einer Art zu reagieren, die zur eigenen Vernichtung führt. Gleiche Situationen sollten nicht immer notwendigerweise die gleichen Reaktionen auslösen – denn im Lauf der Zeit wandelt sich alles. Unflexible und unintuitive Reaktionen blockieren das persönliche Wachstum und richten einen auf das Sterben aus. Die Ausbildung der Anpassungsfähigkeit hingegen bewirkt eine Feinabstimmung der intuitiven Reaktionsweise, so daß man tatsächlich die Erde zu erben imstande ist.

是以兵强則不勝。木强則兵。强大處下。柔弱處上
故堅强者。死之徒。柔弱者。生之徒
人之生也柔弱。其死也堅强。萬物草木之。生也柔脆。其死也枯槁

DIE KRAFT LENKEN

Das Tao in der Natur
    Gleicht einem Bogen, der gespannt wird.
Das Obere wird heruntergezogen,
    Das Untere wird emporgehoben.
Was übermäßig ist, wird verringert,
    Was ungenügend ist, wird ergänzt.

Das Tao in der Natur
    Verringert das Übermäßige
    Und ergänzt das Ungenügende.
Nicht so das Tao im Menschen:
    Er verringert das Ungenügende,
    Weil er dem Übermäßigen dient.

Wer kann denn das Übermaß nutzen im Dienste der Welt?
Der, der vom Tao erfüllt ist.

Also die reifen Menschen:
    Sie handeln ohne Erwartung,
    Vollbringen ohne Anspruch auf Verdienst
    Und tragen kein Verlangen, ihre Vortrefflichkeit zu zeigen.

Die Anhänger des Tao wissen um die Tendenz der Natur, die Extreme in der Welt auszugleichen. Auf ökologischer Ebene versteht es die Natur meisterlich, Arten, die zu dominant werden, abzubauen und fürsorglich jene am Leben zu erhalten, die besonders schwach sind. Auf der atomaren Ebene läßt sich diese ausgleichende Dynamik am Verhalten überladener Teilchen beobachten, die sich ihr Gegenstück heraussuchen, um sich zu stabilisieren. So lösen schließlich auch auf der sozialen Ebene Menschen, die versuchen, über andere zu dominieren, eine natürliche psychologische Gegenreaktion der Gesellschaft aus: einen kollektiven Drang, die Entwicklung der exzessiv agierenden Mitglieder zu neutralisieren. In der Gruppenpsychologie hat diese Reaktion ihr Pendant in dem Drang nach direkter Hilfe für minderbemittelte Individuen.
Da reife Menschen diese im Universum wirksame Energiestruktur geistig erfassen, sind sie fähig, sie zur Erhaltung ihrer Position zu nutzen und dabei gleichzeitig ihrer Welt zu weiterem Fortschritt zu verhelfen. Damit diese Energie in ihre Richtung fließt, verringern sie ihren Rang, indem sie in ihren Beziehungen zu anderen einen Grundtenor der Mäßigung und Bescheidenheit aufrechterhalten. Dann verwenden sie diese Energie dazu, die Realität durch das Kraftfeld ihrer Haltungen und Überzeugungen zu verändern.

77

功成而不處。其不欲見賢
是以聖人。爲而不恃。
孰能有餘以奉天下？唯有道者
而補不足。人之道則不然。損不足。以奉有餘
有餘者損之。不足者補之　天之道。損有餘。
天之道。其猶張弓與。高者抑之。下者舉之。

WASSER

Das Wasser (水), *das nicht zuletzt auch zur Gewinnung von Wasserkraft und als Verkehrsweg dient, schreibt man mit einem breiten Mittelstrich (\ ), der einen Fluß oder Kanal darstellt. Daneben befinden sich kleinere, fedrige Striche (⺀), die die Wellen und Wirbel andeuten, die das Wasser beim Fließen macht.*

DIE SCHULD AUF SICH NEHMEN

Nichts auf der Welt
Ist so nachgiebig und aufnahmebereit wie Wasser;
Doch im Bekämpfen des Harten und Starren
Trägt nichts so trefflich den Sieg davon.
Dank dem, was es nicht ist,
Gelingt ihm dies leicht.

Das Aufnahmebereite siegt über das Harte;
Das Nachgiebige siegt über das Starre.
Keiner auf der Welt, der dies nicht weiß.
Keiner, der fähig wäre, danach zu handeln.

Deshalb sagen reife Menschen:
Wer die Schande der Organisation auf sich nimmt,
Kann »Herr des Kornschreins« genannt werden.
Wer die Unglücksfälle der Organisation auf sich nimmt,
Kann Führer der Welt genannt werden.

Wahre Worte klingen sinnverkehrt.

Dieses Kapitel setzt mit einem im *Tao Te King* wohlbekannten Bild ein, dem vom Sieg des Wassers über das Harte und Starre. Das Wasser gibt nach und nimmt auf, und da es keine Kanten, keine Gestalt, keine Begrenzung hat (dank dem, was es nicht ist), kann es das Harte und Starre absorbieren und abtragen. Indem sie die Schuld auf sich nehmen, geben reife Führer willig nach und nehmen die weiche, rezeptive Qualität des Wassers an, die letztendlich zum Sieg führt. Sie wissen, daß die Übernahme der Verantwortung für alle Probleme der Organisation ihre Position festigen und ihren Einfluß vergrößern wird. Womöglich hat ebendieses Paradox Laotse zu dem Schlußsatz »Wahre Worte klingen sinnverkehrt« veranlaßt.
Zwei Formen der Schuld kommen in diesem Kapitel zur Sprache. Die eine ist die Schuld der Schande: Sie betrifft die Fehler, die innerhalb der Organisation gemacht werden. Die andere Schuld betrifft das Mißgeschick, das der Organisation von außen zustößt. Führer, die hierfür die Verantwortung übernehmen, wissen, daß sie derartige Probleme voraussehen und abwenden können. Diese Führer eignen sich zur Lenkung der Welt.

Der Ausdruck *Kornschrein* geht auf archaische Zeiten zurück, in denen der Feudalherr auf seinem Land der Fruchtbarkeit der Erde geweihte Schreine errichten ließ. Häufig enthielt der Schrein Erde aus der Hauptstadt des Königreichs.

78

天下莫。柔弱於水。而攻堅强者。莫之能勝。其無以。易之
弱之勝强。柔之勝剛。天下莫不知。莫能行　是以聖人云。
受國之垢。是謂社稷主。受國不祥。是爲天下王　正言若反

KÖNIG WEN

König Wen (1231–1135 v. Chr.) lebte als feudaler Fürst gegen Ende der Shang-Dynastie. Obwohl er als weiser und gütiger Führer bekannt war, wurde er von einem eifersüchtigen Feudalherrn beim Thron als gefährlich denunziert. Chou Hsin, der letzte König der verfallenden Shang-Dynastie, ließ ihn ergreifen und ins Gefängnis werfen. König Wen verbrachte zwei Jahre im Gefängnis, wo er die acht Trigramme und vierundsechzig Hexagramme des I Ging *studierte, ehe er von seinem Sohn befreit wurde. Als Chou Hsin von jenen gestürzt wurde, die er unterdrückte, wurde König Wen zum Begründer der neuen Chou-Dynastie.*

König Wen wählte gelehrte und fähige Männer zu seinen Ratgebern aus, und eben unter der Chou-Dynastie entwickelte sich in China auch eine aufgeklärte soziale Schicht, die dafür verantwortlich war, daß Streit geschlichtet, die soziale Harmonie gestützt und die geistige Entfaltung gefördert wurde. Die Ideen des Konfuzius und Laotse waren weitverbreitet, und König Wen und sein Sohn, der Herzog von Chou, schrieben Kommentare zu den Hexagrammen des I Ging *und bauten diese zu einer differenzierten, auf politischen und humanitären Gedanken basierenden Technik der Entscheidungsfindung aus.*

Nationales Palastmuseum, Taipei, Taiwan

79

DIE KRAFT IM NICHT-NUTZEN DES VORTEILS

Ist ein großer Groll auch beschwichtigt,
Muß ein Rest von Groll doch übrigbleiben.
Wie kann man den gutmachen?

Aus diesem Grund halten reife Menschen
Die linke Seite des Vertrags in Händen,
Ohne andere zu verdammen.
Den Mächtigen obliegt der Vertrag;
Den Ohnmächtigen obliegt's, ihn zu halten.

Das Tao in der Natur bevorzugt keinen.
Stets waltet und wirkt es durch den guten Menschen.

和大怨。必有餘怨。安可以爲善？是以聖人。執左契。
而不責於人。有德司契。無德司徹
天道無親。常與善人

Wann immer zwischen zwei Personen eine Verpflichtung besteht, ist die Person in der mächtigeren Position dafür verantwortlich, die Möglichkeit eines noch verbliebenen Rests von Groll auszuräumen; ein solcher Groll könnte zukünftige Ereignisse nachteilig beeinflussen. Wenn reife Menschen die »linke Seite des Vertrages« halten, dann ist ihnen bewußt, daß sie in der günstigen Lage sind, durch mitfühlendes und großzügiges Verhalten Macht an sich zu ziehen. Sie wissen, wenn sie ihre überlegene Position rigoros geltend machen und auf Erfüllung der Pflicht bestehen, werden sie einen Groll hervorrufen, der eines Tages zum Ausbruch kommen und ihre Unternehmungen empfindlich stören wird. Statt dessen sind sie großmütig und nutzen ihre Überlegenheit dazu, Wertschätzung und Harmonie zu erzeugen. So ebnen sie den Weg in eine Zukunft, die mehr nach ihren Bedürfnissen ausgerichtet ist. Sollte die andere Partei die eingegangene Verpflichtung nicht erfüllen, so gewinnen reife Menschen ein tiefes Verständnis dafür, wann und mit wem Abmachungen sinnvollerweise zu treffen sind. Ein solches Verständnis wird sie ihr Leben lang schützen.

Das Wort *Vertrag (Ch'i)* stammt von der alten Bezeichnung für kerbholzartige Bambusstäbchen her, die bei Abschluß eines Darlehens beschriftet und in zwei Hälften zerbrochen wurden. Die rechte Seite behielt der Schuldner, die linke Seite der Gläubiger.

DIE UNABHÄNGIGKEIT VOLLENDEN

In einer kleinen Organisation mit wenig Menschen:

Laßt zehn- oder hundertmal
    Mehr Werkzeuge verfügbar sein, als man gebrauchen kann.
Laßt die Menschen ihr Leben hochhalten
    Und trotzdem nicht in die Ferne schweifen.
Zwar sind Boote und Wagen verfügbar,
    Doch gibt es für ihren Gebrauch keinen Anlaß.
Zwar sind Harnisch und Waffen verfügbar,
    Doch gibt es für ihre Zurschaustellung keinen Anlaß.

Laßt die Menschen wieder Schnüre knoten und sie gebrauchen.
    Ihre Speise wird schmackhaft sein.
    Ihre Kleidung wird fein sein.
    Ihr Heim wird fest gegründet sein.
    Ihre Sitten werden fröhlich sein.

Benachbarte Organisationen mögen auf Sichtweite aneinandergrenzen;
    Ihr Krähen und Bellen mag hier wie dort hörbar sein.
Doch mögen durchaus die Menschen ihr Leben beschließen,
    Ohne hinübergegangen oder herübergekommen zu sein.

In diesem Kapitel schildert Laotse sein Idealbild unabhängiger sozialer Organisationen – seien dies nun Familien, Unternehmen, Staaten oder Nationen. Die ideale Organisation schafft eine Atmosphäre, die die Entfaltung jedes Mitglieds vervollkommnet und steigert, indem sie die Werkzeuge persönlichen Wachstums bereitstellt: Gesundheit, Bildung und Erholung. Da die Menschen ihre Lebensqualität hochhalten, müssen ihnen genau die Mittel zur Verfügung stehen, die sie zur vollen Verwirklichung ihrer Möglichkeiten und zu ihrer Selbstfindung benötigen. Wenn man die Menschen darin bestärkt, ihren eigenen Reifungsprozeß genau zu verfolgen und zu überwachen – Laotse nennt dies »Schnüre knoten« –, dann entfalten sie einen ausgeprägten Sinn für persönliche Kraft und Unabhängigkeit. Freude und Erfüllung erwächst ihnen aus den Grundlagen des Lebens: der Nahrung, Kleidung, Behausung und Kultur. Wenn sie unabhängig und zufriedengestellt sind, werden sie nicht von ihrer Arbeit, ihren Beziehungen oder ihren Verpflichtungen abirren.

Die Anweisung zum Schnüreknoten nimmt Bezug auf ein altes chinesisches Rechen- und Datenspeichersystem. Die mit Knoten versehenen Schnüre bildeten eine Art Schalttafel, auf der die Knoten die Funktion der Schalter hatten. Der Abakus ist eine Weiterentwicklung dieses Systems.

80

小國寡民　使有什伯之。器而不用。
使民重死。而不遠徙。雖有舟輿。無所乘之。
雖有甲兵。無所陳之　使人復結繩而用之。
甘其食。美其服。安其居。樂其俗
鄰國相望。雞犬之聲相聞。
民至老死。不相往來

DER PHILOSOPH LAOTSE, STEINDRUCK

81

信言不美。美言不信。善者不辯。辯者不善。知者不博。博者不知

聖人不積。既以爲人已愈有。既以與人已愈多

天之道。利而不害。聖人之道。爲而不争

DER REIFE WEG

Wahre Worte sind nicht wohlgesetzt;
Wohlgesetzte Worte sind nicht wahr.
Wer gut ist, sichert sich nicht ab;
Wer sich absichert, ist nicht gut.
Wer Wissen hat, ist nicht gelehrt;
Wer gelehrt ist, hat kein Wissen.

Reife Menschen horten nichts.
Je mehr sie für andere tun, desto mehr gewinnen sie;
Je mehr sie anderen geben, desto mehr besitzen sie.

Das Tao der Natur
Ist Nutzen ohne Schädigung.
Das Tao der reifen Menschen
Ist Wirken ohne Streit.

Realitätssinn, Lauterkeit und Einsicht – Werte, deren Entfaltung den auf dem Weg Befindlichen am Herzen liegt – dürfen auf keinen Fall eine Verzerrung erleiden. Solange man die Wahrheit nicht übersteigert und (durch wohlgesetzte Worte) schöner macht als sie ist, besteht kaum die Gefahr, daß sie zur Illusion wird. Solange Handlungen nicht unverzüglich mit Worten gerechtfertigt werden, können gute Taten sich durch sich selbst verdeutlichen. Solange Wissen die weltlichen Belange überschreitet und auf den Grund des Selbst vordringt, wird die Weisheit wachsen.
Reife Menschen wissen, daß das Anhäufen von Gütern (Materie), Ämtern (Energie) oder Information im Widerspruch zu den Naturgesetzen steht, und daß ein derartiges Verhalten eine gefährliche Störung des persönlichen Gleichgewichts hervorrufen wird. Um sich kontinuierlich nach dem Tao auszurichten und ihre Position im Fluß der Menschen und Ereignisse zu festigen, teilen sie aus, was sie besitzen, damit um so mehr durch ihre Hände fließen kann. Sie vermeiden jegliche Handlungsweise, die den Eindruck von Aggressivität oder Streitsucht erweckt – so fordern sie keine Gegenreaktionen heraus, die sie womöglich vom Weg ablenken könnten.